UNIVERSITÉ ÉGYPTIENNE
LE CAIRE

LA FEMME
AUX DIFFÉRENTES ÉPOQUES DE L'HISTOIRE

CONFÉRENCES

FAITES AUX DAMES ÉGYPTIENNES

PAR

MADEMOISELLE A. COUVREUR

AGRÉGÉE DES LETTRES
PROFESSEUR AU LYCÉE RACINE A PARIS
ET DÉLÉGUÉE A L'UNIVERSITÉ ÉGYPTIENNE

DEUXIÈME FASCICULE

<table>
<tr><td>LE CAIRE</td><td>LE PUY</td></tr>
<tr><td>UNIVERSITÉ ÉGYPTIENNE</td><td>IMPRIMERIE</td></tr>
<tr><td>ET</td><td>PEYRILLER, ROUCHON & GAMON</td></tr>
<tr><td>LIBRAIRIE DIEMER</td><td>23, BOULEVARD CARNOT</td></tr>
</table>

1910

LA FEMME

AUX DIFFÉRENTES ÉPOQUES DE L'HISTOIRE

CONFÉRENCES

FAITES AUX DAMES ÉGYPTIENNES

UNIVERSITÉ ÉGYPTIENNE
LE CAIRE

LA FEMME
AUX DIFFÉRENTES ÉPOQUES DE L'HISTOIRE

CONFÉRENCES
FAITES AUX DAMES ÉGYPTIENNES

PAR

MADEMOISELLE A. COUVREUR
AGRÉGÉE DES LETTRES
PROFESSEUR AU LYCÉE RACINE A PARIS
ET DÉLÉGUÉE A L'UNIVERSITÉ ÉGYPTIENNE

DEUXIÈME FASCICULE

LE CAIRE
UNIVERSITÉ ÉGYPTIENNE
ET
LIBRAIRIE DIEMER

LE PUY
IMPRIMERIE
PEYRILLER, ROUCHON & GAMON
23, BOULEVARD CARNOT

1910

LES FEMMES ROMAINES A L'ÉPOQUE IMPÉRIALE

LE CHRISTIANISME

Mesdames,

Nous avons parlé la dernière fois de cette époque
de l'histoire romaine où la famille se désorganise, où
les divorces et les remariages se multiplient scanda-
leusement. Nous avons vu Auguste lui-même, malgré
sa prétention de restaurer à Rome des mœurs meilleures, donner l'exemple d'un de ces mariages où,
pour épouser une femme, on la séparait de son premier mari. Certes de telles unions n'étaient pas bien
gênantes pour la liberté. Malgré cela les célibataires
se multipliaient, si bien qu'Auguste fit de nouvelles
lois pour favoriser le mariage, permettant, conseillant
même aux célibataires les unions avec des femmes de
condition inférieure (affranchies, esclaves, femmes de
mauvaise vie) par une simple déclaration publique.
Les enfants de ces unions n'étaient pas légitimes, ils
pouvaient même être des esclaves, mais les juriscon-

sultes trouvèrent des moyens pour permettre aux parents de légitimer les enfants nés dans ces conditions. Mais ces mesures furent peu efficaces. Quantité de Romains jugeaient inutile de se donner l'embarras d'un ménage, les mœurs devenant de plus en plus faciles. Auguste cependant avait fait relire devant le peuple les paroles de cet ancien Romain, Métellos, qui, au temps des Gracques, avait prêché à ses concitoyens le mariage : « Citoyens, si on pouvait vivre sans femmes, nous nous passerions tous de cet embarras ; mais puisque la nature a voulu qu'il fût aussi impossible de s'en passer que désagréable de vivre avec elles, sachons sacrifier les agréments d'une vie si courte aux intérêts de la république, qui durera toujours. »

Ce sermon n'avait sans doute pas porté grands fruits, puisque du temps d'Auguste on est obligé de le répéter. A quelles causes faut-il attribuer cette démoralisation de la société romaine ? On a dit quelquefois : Aux conquêtes de Rome, au contact avec la Grèce et l'Orient, à l'infiltration dans Rome de la civilisation grecque et orientale. Le luxe s'est introduit, il s'est développé sous toutes les formes, dans l'habitation, dans la cuisine, dans les vêtements, dans le nombre des esclaves ; non seulement le luxe a envahi Rome, mais il y a eu une autre invasion, celle de la philosophie grecque, qui peu à peu a ruiné la vieille religion romaine. En effet, en même temps que les artistes, arrivèrent à Rome quantité de philosophes et de rhéteurs. Les Romains commencèrent à faire élever leurs enfants par des précepteurs grecs. Même dans la société romaine, on se mit à parler grec, comme dans la société européenne du XVIIIe siècle on parlera français. Très souvent, pour parfaire l'éducation des jeunes Romains, on les envoya en Grèce se nourrir de cet esprit si différent de l'esprit romain. Or c'est à cette époque que les mœurs romaines commencèrent à se corrompre.

On a flétri les effets corrupteurs de ces nouveautés. Rousseau a fait là-dessus de grandes déclamations. Dans son discours où il prétend prouver que la civilisation est un principe de corruption pour les hommes, et que l'époque de la meilleure humanité est l'époque de la plus pure sauvagerie, il prend pour exemple la décadence de Rome, lorsqu'elle a connu le luxe. Mais malgré l'autorité de Rousseau (qui n'est pas toujours grande, car il a eu nombre d'idées fausses), nous pouvons nous demander s'il faut bien accuser la civilisation et la philosophie de gâter les mœurs. La conclusion alors serait toute simple : « Revenons vers ces temps antiques où l'on était tellement sauvage, qu'il n'était même pas question de luxe et à peine de bien-être. » Au premier abord, nous n'avons pas envie d'accepter cette idée, de rejeter loin de nous tous les bienfaits de la civilisation, de la philosophie, de la poésie, et dans la discussion si amusante entre Rousseau et Voltaire, nous applaudissons à la célèbre réponse de Voltaire : « Il prend envie de marcher à quatre pattes en vous lisant » — (si le sauvage est le meilleur des hommes, il y a quelque chose de mieux encore, c'est l'animal) — « mais, ajoute Voltaire, il y a si longtemps que j'en ai perdu l'habitude que je laisse cette allure à ceux qui en sont plus dignes que vous et moi. » Lorsque nous lisons cette correspondance si amusante, Rousseau sérieux, déclamateur, ne riant jamais, et Voltaire souriant, donnant de petits coups d'épingle dans ces choses gonflées d'emphase, nous sommes plutôt du côté de Voltaire que du côté de Rousseau. Nous pensons — pour en revenir à notre histoire romaine — que ce n'est pas parce que des philosophes sont venus à Rome ; ce n'est pas parce qu'on a introduit de belles statues grecques à la place des informes statues romaines, ce n'est pas pour cela que les Romains ont perdu leur vertu. La civilisation ne crée pas les vices, elle les révèle ; elle leur ouvre carrière. Il y a des gens prétendus vertueux qui font simplement de nécessité vertu. Un homme pauvre ne peut pas faire des excés de luxe; mais tout homme pauvre obligé de se priver est-il par là-même un de ces hommes supérieurs placés au-dessus du luxe par la hauteur de leurs idées ? Mettons le luxe à leur portée. Le vrai philosophe, le véritable vieux Romain, vertueux par réelle vertu, regardera ces choses avec dédain ; mais celui qui est pauvre par nécessité, qui habite une petite maison parce qu'il n'a pas de quoi en faire construire une plus grande, qui se revêt d'habits très simples parce qu'on n'avait pas encore introduit à Rome les vêtements plus riches de l'Orient, lorsqu'il se verra en présence de tous les biens de la fortune, il y touchera, si son âme n'est pas véritablement philosophe. Il est vrai qu'on peut répondre qu'un des meilleurs moyens d'empêcher les hommes de pécher, c'est de leur faire fuir l'occasion de pécher. Si vous ne voulez pas qu'un homme envie la richesse, ne la lui faites pas connaître, ne la lui montrez pas ! C'est l'esprit des lois somptuaires dont nous avons parlé déjà. La vertu alors n'est plus une chose intérieure, c'est l'impossibilité de pécher.

Non, les belles statues de l'art grec, les conseils de la belle philosophie hellénique, ne doivent pas être accusés de la corruption de Rome. Quoi qu'il en soit, c'est au moment où les Romains ont été mis en contact avec le luxe et la philosophie que leur vieille vertu a sombré, ce qui montre qu'elle n'était pas très solide, et que leur vieille religion s'est effondrée, ce qui montre qu'elle n'avait pas de très profondes racines dans l'âme.

De même que nous avons vu Auguste essayer de reconstituer la vieille famille, nous le voyons aussi essayer de restaurer la vieille religion. L'*Énéide* de Virgile, à ce point de vue, servait les idées de l'empereur. Mais pas plus que les

efforts d'Auguste n'ont réussi à redonner de la force
à l'ancienne famille, pas plus ses efforts ne réussirent
à redonner de la force à l'ancienne religion. Elle va
périr à la fois par en bas et par en haut. Par en haut :
dans toute la société cultivée de Rome, on est devenu
profondément sceptique et incrédule ; des gens comme
César ne croient absolument à rien, non seulement
dans le domaine de la religion proprement dite,
c'est-à-dire des dieux, mais aussi dans le domaine de
la morale ; ils sont absolument sans scrupules, ils font
ce que leur nature ou leur politique leur conseille.
Si dans la haute société romaine il n'y a plus de religion, parce que cette religion qui consistait surtout
en superstitions et en formules n'a pas pu tenir devant
la critique grecque, dans les basses régions de la
société la vieille religion disparaît aussi, mais d'une
autre manière ; elle est noyée dans les cultes supers-
titieux de l'Orient. A mesure que Rome avait conquis
les pays d'Orient, elle avait été envahie par tous les
cultes de Judée, d'Arménie, de Syrie, de Chaldée,
d'Égypte, non pas, bien entendu, sous les formes
les plus hautes de ces cultes, mais sous les formes
populaires pleines de superstitions et mélangées de
sorcellerie. Tout cela plaisait au peuple et aux
femmes. On relèverait dans les satiriques romains
plus d'un trait contre les superstitions des Romaines.

Ainsi la vieille religion romaine se meurt. C'est une
des raisons qui nous expliqueront la possibilité du
triomphe du christianisme. Il n'a pas eu à lutter contre
une religion intérieure, une religion des âmes, et il
apportait quelque chose qui était bien supérieur à
toutes les superstitions populaires. Nous reviendrons
là-dessus, puisque nous aurons à parler de ce que le
christianisme a apporté dans l'Empire Romain au
point de vue de l'histoire des femmes.

Même à l'époque de décadence morale que nous
venons de peindre, nous avons encore quelques per-

sonnages héroïques de femmes à citer. Il y a la femme de Pompée, Cornélie, qu'il ne faut pas confondre avec Cornélie, mère des Gracques, et la femme de Brutus, Porcia.

Cornélie, comme son nom l'indique, appartenait à la famille des Scipions, la famille Cornélia. Elle épousa Pompée beaucoup plus âgé qu'elle, ce qui n'empêcha pas les époux de s'aimer. Elle avait été élevée dans la philosophie, elle connaissait les mathématiques, la géométrie, et, dit Plutarque, « elle n'avait cependant pas la vanité qui distingue généralement les jeunes femmes savantes. » Lorsque les femmes savantes ont de la vanité, cela prouve qu'elles sont très peu savantes, car les plus grands savants sont les plus modestes ; plus on est savant, plus on sait qu'on ne sait pas grand chose. C'est ce que disait Socrate. L'oracle de Delphes l'avait proclamé le plus sage des hommes ; « pourquoi, disait-il, je ne sais pas, car je ne vois pas que je sois si sage ; mais en y réfléchissant je comprends ce que l'oracle a voulu dire : c'est que lorsque j'ignore une chose, je sais que je l'ignore, tandis que les autres croient savoir ce qu'ils ne savent pas. » Il disait encore : « Tout ce que je sais, c'est que je ne sais rien. » C'est le résultat de la science de nous faire comprendre combien le domaine ignoré est immense. Eh bien, Cornélie était peut-être savante selon les bonnes méthodes, puisqu'elle n'avait pas cette vanité qui, d'après Plutarque, est si naturelle aux jeunes femmes qui savent quelque chose.

Sa destinée a été tragique car elle a vu sous ses yeux tuer son mari Pompée près d'aborder en Égypte où il venait chercher un refuge.

La destinée de Porcia, femme de Brutus est également tragique. C'est une époque où l'histoire de Rome devient un drame plein de luttes, de meurtres, d'héroïsme et de crimes. Porcia était la fille de Caton, ce même Caton d'Utique dont nous avons eu occasion de parler à l'occasion de son divorce. Il n'est pas seulement célèbre par son divorce, mais aussi par la belle attitude qu'il garda devant César, dont il est resté l'adversaire jusqu'à la fin ; il ne lui convenait pas de plier. Vaincu, il ne voulut pas être l'objet de la clémence de César, il se tua lui-même, conformément à l'idée qui a été celle de beaucoup des stoïciens de l'ancienne Rome. Le suicide de Caton n'est que le commencement d'une série de suicides, qui se multiplieront sous les Césars.

Porcia, fille de Caton, était elle aussi nourrie dans la philosophie stoïcienne ; elle épousa Brutus, autre stoïcien. Le premier Brutus s'était signalé en mettant à mort ses propres fils pour les punir de leur trahison envers la République. Le second Brutus fut le meurtrier de César. Il prit part à la conjuration contre César, que personnellement il aimait, mais qui avait détruit la liberté de Rome. Plutarque nous raconte comment Brutus n'avait rien dit à sa femme de ses projets, craignantsans doute de lui confier un secret de cette importance. Porcia était froissée de la manière dont son mari la tenait à l'écart, mais elle voulut d'abord par une expérience s'assurer qu'elle était de force à garder un secret, même si on la menaçait de mort. Elle se fit une blessure très grave qui la rendit malade ; Brutus ne comprenait rien à sa fièvre ; elle finit par lui en expliquer la cause : « Lorsque je t'ai épousé, dit-elle, ce n'était pas seulement pour tenir ta maison, c'était aussi pour partager tout ce qui peut occuper ton âme. Eh bien, j'ai voulu expérimenter si j'étais digne qu'on me confie un secret » et elle lui montra sa blessure. Brutus s'écria qu'il priait les dieux de le rendre digne d'une telle femme. Il mit Porcia au courant de toute l'affaire et le secret fut en sûreté dans l'esprit de Porcia comme dans celui de Brutus.

Après l'assassinat de César, commença cette guerre

où Brutus devait trouver la mort. Plutarque nous montre encore Porcia, non plus avec cette vertu stoïcienne si inflexible, mais avec des sentiments plus tendres. Elle va dire adieu à Brutus qui quitte l'Italie ; il y a là un tableau près d'elle et elle se met à pleurer en le regardant. C'était une représentation des *Adieux d'Hector et d'Andromaque*. Un ami de Brutus récita alors ce vers : « Hector, tu es pour moi à la fois un père, une mère, un frère, et un jeune époux » Brutus répondit : « Oui, mais moi je ne puis pas dire comme Hector : Rentre chez toi et occupe-toi des affaires du ménage ; parce que Porcia est digne de s'occuper aussi des affaires politiques. »

Brutus fut vaincu et se tua lui-même. Quant à Porcia, il y a des traditions différentes sur son compte. Les uns disent qu'elle mourut pendant l'absence de Brutus, d'autres qu'elle se tua après la mort de Brutus, mais d'une manière peu commune, en avalant des charbons ardents.

Dans cette figure de Porcia, il n'y a pas seulement la stoïcienne, mais aussi le souvenir de l'ancienne matrone romaine.

Le meurtre de César ne servit à rien pour la liberté. Il est rare que la liberté puisse être reconquise par un meurtre. Quand une puissance comme celle de César s'établit, c'est parce qu'elle correspond à un état social qui la demande. En tuant César on n'a pas libéré la République Romaine, on lui a donné un autre maître, après des guerres très sanglantes.

Le résultat fut de mettre sur le trône, nous pouvons déjà employer cette expression, Octave, qui prit le nom d'Auguste. C'est cet Octave qui avait accueilli si froidement les avances de Cléopâtre ; il n'était pas de ces politiques qui se laissent gouverner par les femmes. C'est donc une curiosité naturelle que de se demander qui fut la femme d'Auguste. Ce fut Livie, qu'il épousa en la séparant de son mari. Il l'a toujours beaucoup honorée; il lui donna un rang tout spécial dans l'empire et lui resta attaché jusqu'à la fin. Cette Livie n'est pas très sympathique. Au point de vue de la conduite, elle est irréprochable; même elle ressuscita les vieilles mœurs romaines; elle vivait dans la maison d'Auguste comme dans la maison d'un simple particulier; les historiens nous disent même qu'elle filait la laine et faisait elle-même les vêtements de l'empereur. Rien de plus édifiant au point de vue de la vie privée. Livie est moins édifiante dans sa vie politique. C'est avant tout une ambitieuse, une calculatrice. Elle veut régner et assurer l'empire à ses enfants. Elle n'en avait pas donné à Auguste, mais elle en avait de son premier mariage, entre autres ce Tibère qui devait acquérir une triste célébrité. Pour lui assurer la succession à l'empire, Livie a très probablement employé l'assassinat. Il y avait des petits-fils d'Auguste, fils de sa fille Julie, qui étaient un obstacle entre Tibère et l'Empire. Il est probable que Livie les fit disparaître par le poison. En tout cas, leur mort fut très mystérieuse. Plus tard, elle trempa probablement dans le meurtre de son petit-fils, ce héros vers qui tous les espoirs romains se tendaient, Germanicus.

Livie fut toujours honorée sous le règne d'Auguste. A sa mort (on dit qu'il mourut après avoir mangé des figues que Livie lui avait données), elle eut soin d'arranger toutes choses pour assurer l'empire à Tibère. Sous Tibère, elle voulut régner encore. Tibère parut la supporter avec ennui, mais elle continua, cependant, à avoir de l'influence. Elle mourut très âgée. Son fils lui refusa les honneurs de l'apothéose que le Sénat lui décernait.

Sous l'Empire, la corruption des mœurs augmente encore. Juvénal qui vécut à la fin du premier siècle et au commencement du second nous a tracé des portraits des femmes romaines où il les accuse de beaucoup de choses. Il nous peint leur superstition, leur goût pour tous les cultes mystérieux orientaux, leur mauvaise conduite, leur cruauté. Il nous les montre assidues à tous les jeux de l'amphithéâtre, se plaisant à voir couler le sang. Vous savez ce que c'était que ces spectacles où on faisait lutter des hommes les uns contre les autres ou contre des bêtes féroces. Romains et Romaines raffolaient de ces jeux ; les femmes s'éprenaient des gladiateurs. Et pourquoi cela ? dit Juvénal ; quel charme peuvent avoir de pareils hommes ? Oh ! un charme très grand : il font couler le sang.

Sans doute ces tableaux sont poussés au noir ; il ne faut pas prendre au pied de la lettre les satires des auteurs latins. Ils choisissent un ou deux traits saillants et les mettent en lumière, mais ce n'est pas à dire que toutes les femmes de l'empire romain fussent faites sur ce modèle. C'est comme si, lisant les comédies de Molière ou les portraits de La Bruyère, nous pensions qu'il n'y avait en France à l'époque de Louis XIV que des gens vicieux ou ridicules. Ce n'est pas une méthode exacte pour juger une société que de prendre uniquement ce que les poètes satiriques en ont dit.

Quels sont les personnages féminins que nous rencontrons à cette époque impériale ? Ils ne sont pas tous très édifiants. La fille d'Auguste, Julie, a mené une vie absolument scandaleuse. Son troisième mari, Tibère se sépara d'elle. Bannie par Auguste qui avait fini par tout apprendre, poursuivie par la rancune de Tibère, elle mourut misérablement après de longues années d'exil. Elle avait une fille, une autre Julie, qui suivit les fâcheux exemples de sa mère.

Dans la suite la famille impériale compta d'autres femmes aussi peu vertueuses que Julie : Messaline, dont le nom est le symbole de tous les désordres ; Agrippine, mère de Néron, dont Tacite nous a fait un portrait si vigoureux. Celle-ci, au point de vue de la vie privée, ne multiplia pas les scandales autant que Messaline, mais elle est loin d'être irréprochable, et c'est de plus une ambitieuse qui ne recule devant rien pour arriver à ses fins. Elle voulait faire régner son fils. D'abord elle se fit épouser par l'empereur Claude, dont elle était la nièce. La loi romaine défendait ces mariages; Claude obtint un sénatus-consulte qui lui permit d'épouser Agrippine. Restait à détruire les autres obstacles qui séparaient encore Néron du trône. Agrippine écarte Britannicus; elle empoisonne Claude. Voilà Néron empereur par un crime. Agrippine, déjà comblée par Claude d'honneurs excessifs, est plus honorée encore sous Néron. Jamais on n'avait vu à Rome une femme prendre une telle place dans les cérémonies et dans le gouvernement. Mais bientôt Néron se lassa de cette influence. Après une lutte sourde et dramatique, pleine de péripéties, et dont Racine a rendu un épisode si vivant pour nous dans sa tragédie de *Britannicus*, Néron fit assassiner sa mère. Ainsi, arrivée au pouvoir par le crime, elle périt elle-même par un crime odieux.

Pour la peinture de la Rome républicaine, nous faisions surtout appel à Tite-Live et à Plutarque; à l'époque des Césars où nous sommes arrivées, c'est Tacite surtout qui nous sert; il en est resté le peintre immortel. Il est vrai qu'on a dit que l'œuvre de Tacite est en partie un pamphlet. Il paraît cependant difficile de réhabiliter Tibère, Néron ou Domitien.

Avant Agrippine, mère de Néron, il y avait eu une première Agrippine, bien différente de la seconde. Petite-fille d'Auguste, elle avait épousé Germanicus; ce héros vers qui, au milieu des hontes et des bassesses du temps, se tournaient toutes les espérances des Romains. Agrippine aima passionément son mari; ils forment à eux deux un couple héroïque qui, dans

une pareille époque, était destiné au malheur. Agrippine accompagne Germanicus à l'armée, lors de la
révolte des légions de Pannonie. Plus tard encore
dans une autre campagne sur les bords du Rhin, elle
joue un véritable rôle militaire. Les légions épouantées étaient sur le point de rompre le pont qui assurait
la retraite des troupes romaines ; Agrippine exhorte
les soldats et obtient que le pont ne soit pas coupé.
Plus Germanicus et Agrippine avaient de gloire et de
popularité, plus ils s'attiraient la haine de Tibère.
Germanicus était l'héritier désigné de l'Empire,
Auguste l'avait voulu, mais Tibère le haïssait et
Livie, grand'mère de Germanicus, sachant qu'elle
n'aurait rien à espérer si jamais il devenait empereur,
se faisait le complice de la haine de Tibère. Germanicus mourut empoisonné, et ceux qu'on désignait
comme les auteurs du crime furent l'objet des faveurs
de Tibère et de Livie. Les funérailles se firent à
Antioche avec une grande pompe. Agrippine revint
vers Rome, rapportant les cendres de Germanicus.
Quand le vaisseau qui la ramenait aborda au port de
Brindes, toute une population s'y porta avec des
lamentations, rendant hommage à Agrippine, escor-
tant les restes du héros et faisant de ces cérémonies
funèbres une véritable pompe triomphale. Jusqu'à
Rome il en fut ainsi. Puis on déposa les cendres au
Champ de Mars, illuminé de flambeaux, et Rome
entière parut faire les funérailles de Germanicus.

Agrippine, dans sa fidélité au souvenir de son mari,
ne cachait pas son horreur pour Tibère; aussi était-
elle destinée à périr. Tibère cependant laissa vivre
quelque temps encore la veuve et les fils de Germanicus; mais enfin sa vengeance les atteignit et ils
périrent tous.

Il faut voir chez Tacite, dans le détail, cette tragique
histoire. Mais toute cette époque est pleine d'histoires
semblables, de vengeances et de sang. Tantôt c'est la

mort violente d'un de ces empereurs abominables dont on finissait par se lasser ; tantôt c'est le meurtre des héros qui se sont opposés à cette tyrannie et dont le tyran n'a pas pu supporter la présence. Quelquefois ils se tuaient eux-mêmes parce qu'ils en avaient assez de l'existence sous un tel gouvernement ; d'autres fois c'était l'empereur qui envoyait à ceux qui lui déplaisaient l'ordre de mourir en leur laissant le choix des moyens. Un procédé fréquent chez les stoïciens consistait à s'ouvrir les veines avec un poignard ; on laissait couler le sang et on mourait d'épuisement. C'est ainsi que mourut Sénèque. Sa femme voulut le suivre dans la mort et s'ouvrit les veines aussi, mais elle ne mourut pas ; on arrêta le sang. On raconte qu'ensuite elle resta toute sa vie d'une extraordinaire pâleur. Thraséas aussi s'ouvrit les veines. Sa femme voulait mourir avec lui, mais il l'exhorta à vivre pour leur fille. Un autre exemple célèbre est celui d'Arria. Son mari avait conspiré contre Claude ; il était accusé. Arria pensa qu'il ne fallait pas attendre la sentence. Elle se frappa d'un poignard, puis le tendit à son mari en disant : « Petus, cela ne fait pas de mal. » Et il se tua à son tour.

Cette vertu stoïcienne a un caractère particulier. Les stoïciens ne se révoltent pas ; ils ne font pas de conjuration pour se débarrasser des Césars ; ils ont ce sentiment très juste que le tyran mort, il y en aura un autre à sa place. A quoi a servi le meurtre de César? A rien. On n'a pas tué la tyrannie : elle mourra, mais non pas tout de suite. Se tenir à l'écart, se taire, refuser la flatterie, mourir, ce fut toute l'opposition stoïcienne. Mais cette attitude a gardé dans l'histoire une éloquence extraordinaire ; ce silence est une terrible accusation. Aujourd'hui encore — et il en sera ainsi sans doute jusqu'à la fin des siècles — toutes les fois qu'on se représente Tibère, Néron, Domitien, on les voit toujours accompagnés de ce cortège muet.

Quand vivait encore le philosophe Thraséas, tout le monde se demandait : « Qu'est-ce que Thraséas n'a pas fait? » c'est-à-dire : Lorsque tout le monde flattait un pouvoir odieux, dans quelles occasions Thraséas a-t-il gardé le silence? Ce silence de Thraséas devint tellement insupportable à Néron qu'il lui envoya l'ordre de mourir. C'est une de ces choses qui, dans l'histoire, se dressent contre les Césars; on a beau essayer de les réhabiliter, il y a toujours ces stoïciens, leur mort et leur silence.

L'Empire romain dura plusieurs siècles; et malgré cette dissolution des mœurs dont nous avons parlé, ce relâchement des liens domestiques, il y eut encore des familles régulières et honnêtes, des vertus privées. Si nous en croyons nombre d'inscriptions funéraires, l'ancien type de la matrone romaine n'avait pas disparu. On relève encore sur les tombeaux le vieil éloge romain : « Elle resta chez elle, et fila de la laine. » Il est vrai qu'il ne faut pas prendre au pied de la lettre les éloges des épitaphes. On ne peut écrire sur un tombeau : « Elle a été acrimonieuse » si elle l'a été. On n'écrit rien alors. Mais si on écrit quelque chose, ce sera quelque chose à l'honneur de la morte. Ce n'est pas dans un discours de funérailles qu'on rappellera les vices ou les faiblesses d'un mort. Quelques critiques ont accusé Bossuet de courtisanerie pour n'avoir pas dans son oraison funèbre insisté avec force sur toutes les fautes de Condé. Il n'a pas été courtisan, il a été simplement un homme bien élevé.

Donc, ne nous fions pas tout à fait aux épitaphes, mais ne croyons pas tout à fait non plus les satires de Juvénal.

Nous arrivons maintenant à une époque où des choses nouvelles s'annoncent. Juvénal vit au premier et au second siècle de l'ère chrétienne. Il semblerait donc, à ne considérer que cette simple date, qu'il est déjà un contemporain du christianisme. Mais n'oublions pas la façon dont le christianisme s'est propagé, et comment il est resté longtemps inconnu. Au 1er, au 11e siècle, pour la société romaine, le christianisme est comme n'existant pas. Et nous savons pourquoi. Il est né en Orient, dans une obscure région d'une province romaine. Lorsque la prédication du Christ a commencé parmi ces populations, les Romains n'ont pas eu la moindre idée que ce fait pouvait avoir de l'importance. Ils ont vu là une petite querelle entre Juifs, et les Romains ne se mêlaient pas de ces querelles. Ils comprenaient peu qu'on se fît la guerre pour une question de religion, pour une simple différence de croyances; c'était tout à fait en dehors de leurs idées. Lorsque dans les provinces romaines orientales des querelles religieuses éclataient, les Romains laissaient les habitants régler ces affaires-là eux-mêmes. Ainsi s'explique la célèbre histoire de Pilate se lavant les mains; son attitude est toute logique. Les Romains méprisaient profondément ce qu'ils appelaient les *superstitions d'Orient,* mais ils les laissaient vivre et ne s'en mêlaient pas.

Les historiens romains de l'époque ne connaissent pas le christianisme. Nous relevons chez eux des phrases comme celle-ci : « Il y eut alors à Rome, une sédition en l'honneur d'un nommé Chrestus. » Cela veut dire qu'il y avait déjà alors dans un quartier de Rome quelques chrétiens, mais les Romains ne les connaissaient pas.

Le christianisme se propageait par les classes populaires. Vous savez comment les apôtres ont commencé à courir le monde et à prêcher la doctrine chrétienne. Le plus célèbre est saint Paul qui parcourut la Macédoine, la Grèce, vint à Rome, et peut-être même mit les pieds en Gaule. Où se faisaient ces prédications ? Était-ce parmi les grands ? Dans la société cultivée ? Non, c'était presque toujours dans le peuple. Saint Paul vint à Athènes. On raconte que, se promenant dans la ville, il trouva des autels dédiés à toutes sortes de dieux et dont l'un portait cette inscription : « A un dieu inconnu ». Les Athéniens avaient si peur de manquer à quelque divinité qu'ils prenaient leurs précautions : ils craignaient de tourner contre eux la colère des Dieux en ne les honorant pas. Saint Paul, lisant cette inscription, en tira parti ; il dit aux Athéniens : « Vous avez élevé un autel au Dieu inconnu : c'est ce Dieu que je viens vous révéler. » Mais quel fut le résultat de la prédication de saint Paul à Athènes ? Presque nul. Il n'y fonda pas d'église. Il en fonda à Salonique, à Corinthe, mais il n'y en eut pas à Athènes. On raconte bien qu'un des Aéropagites se convertit en entendant saint Paul, mais en dehors de cette conversion, saint Paul ne fit guère de prosélytes dans cette société de lettrés, de philosophes et de sceptiques. La doctrine qu'il apportait comportait la croyance à des choses miraculeuses ; les Grecs ne croyaient pas facilement à ces choses-là ; ils étaient très fins, très subtils, ils aimaient la discussion. Saint Paul eut plus de succès à Corinthe, ville cosmopolite ressemblant à ce qu'était dans l'antiquité Alexandrie.

Ainsi peu à peu le christianisme se répandit, mais plutôt dans les milieux populaires, et il arriva jusqu'à Rome, mais dans des quartiers où un Romain de bonne famille ne se hasardait pas. Il se forma là toute une petite église, puisqu'il y a une épitre de saint Paul adressée aux Romains, mais une petite église de pauvres gens. Voilà pourquoi à l'époque des premiers Césars, quoiqu'il y eût des chrétiens à Rome, on les ignorait profondément. On commença à les connaître au moment des persécutions de Néron.

C'est un fait extrèmement important que la disparition du paganisme antique et l'apparition d'une religion nouvelle, avec la croyance à un seul Dieu, religion qui est devenue celle des peuples occidentaux d'Europe. Elle a eu une très profonde influence sur les mœurs et la vie de ces peuples. Pour nous, ce qui nous intéressera ici, ce sera de voir quels changements le christianisme apporta dans la condition des femmes.

LES FEMMES AUX PREMIERS SIÈCLES DU CHRISTIANISME

MESDAMES,

Nous allons maintenant dire adieu à la femme romaine antique. Mais avant de la quitter, demandons-nous quelle impression elle nous laisse. Ce n'est peut-être pas une impression de grâce. Lorsque nous songeons aux matrones romaines, à des figures comme celles de Cornélie et de Porcia, l'image qui nous reste dans l'esprit est celle d'une certaine fermeté, d'une vertu très haute, peut-être un peu dépourvue de grâce. Certainement le type d'Hélène n'aurait pas pris naissance chez les Romains.

Les Romaines ont-elles été des *intellectuelles*? En Grèce il y a eu des femmes philosophes, des femmes poètes; le nom de Sapho est assez connu. Peut-on citer à Rome aussi des femmes cultivées? Oui; Cornélie, la femme de Pompée, était cultivée dans la philosophie. La fille de l'orateur Hortensius, prononça un plaidoyer sur le Forum. Il y a eu aussi des poètesses romaines ; par exemple Cornificia. sœur d'un guerrier, poète, lui aussi ; ses œuvres ne sont pas restées, mais on raconte qu'un jour, un Romain reprochant à Cornificius sa pauvreté, il répondit : « Je puis me glorifier, parce que j'ai une sœur qui est très honorée dans toute l'Italie, tandis que toi, tu as une femme qui est déshonorée dans toute la ville ».

On cite une autre poétesse romaine, Sulpicia ; il nous est resté d'elle une satire contre l'empereur Domitien qui ne manque pas de noblesse ; elle avait écrit aussi un poème sur l'amour conjugal et Martial, qui lui, n'a pas beaucoup écrit sur ce sujet là, nous en fait l'éloge en disant : « Qu'elles lisent toutes Sulpicia, les jeunes filles qui ne désirent plaire qu'à un seul époux ! qu'ils lisent tous Sulpicia, les maris qui ne veulent plaire qu'à une seule femme ».

Mais nous arrivons à une époque nouvelle. Nous avons dit, dans notre dernière conférence, comment le christianisme s'est répandu dans l'empire romain, comment peu à peu il est arrivé jusqu'à Rome, touchant d'abord les couches populaires puis atteignant peu à peu les classes sociales plus élevées. Il y eut même dans l'entourage des empereurs des personnes qui furent sans doute plus ou moins rattachées au christianisme.

Le christianisme apportait-il quelque chose de nouveau pour les femmes ? Car c'est la question qui nous occupe ici. Avant de répondre, il nous faut remarquer que, d'une manière générale le christianisme primitif était une religion à la fois très révolutionnaire et très conservatrice. Tous les principes du christianisme étaient en contradiction formelle avec les principes de la société antique. Il était la négation même de l'organisation politique, religieuse et familiale des Romains. C'est tellement vrai qu'au fond, une des principales causes de la dissolution de l'Empire romain, ç'a été le progrès du christianisme. Et cependant personne n'a été moins révolté que les chrétiens, jamais ils n'ont répondu aux persécutions par des soulèvements. Voilà Néron par exemple : d'où est venue la révolte qui l'a renversé ? est-ce des chrétiens ? Non, c'est une révolte gauloise, et les Gaulois n'étaient pas chrétiens alors. Comment nous expliquer une chose aussi contradictoire en apparence ? L'explication est simple dès qu'on réfléchit un peu. N'est-ce pas une contradiction analogue qu'on relèverait dans un des sermons de notre grand orateur chrétien Bossuet, le sermon sur « l'éminente dignité des pauvres dans l'Eglise » ? Si on veut le prendre d'un certain côté, il est absolument socialiste, communiste. En général, les communistes ne lisent pas beaucoup Bossuet ; ils ont tort ; ils y trouveraient de très bons arguments pour leur doctrine. Mais est-ce que Bossuet conclut à une grande révolution sociale ? Veut-il mettre toutes les propriétés en commun? Pas du tout, il est très conservateur; il veut que les riches donnent aux pauvres et que les pauvres s'accommodent de leur situation, parce que c'est Dieu qui les a fait pauvres. Un autre écrit extrêmement caractéristique, à ce point de vue, c'est le célèbre Discours de Pascal sur « la condition des grands ». Nulle part on ne trouvera des affirmations plus égalitaires que celles-là, nulle part un mépris plus radical pour tout ce qui dans les différences sociales est uniquement extérieur. Quelle est sa conclusion ? Est-ce d'effacer toutes ces distinctions qui n'ont aucun sens? Non, c'est de les conserver. Et si nous nous étonnons, c'est que nous ne pénétrons pas assez profondément le véritable sens des religions et des morales. Pour le christianisme, pour le stoïcisme, qui pensent aux choses divines, et éternelles, et qui ensuite rabaissent leurs regards vers la terre, les choses d'ici-bas n'ont plus par elles-mêmes aucune signification, c'est une transition, une épreuve; en somme, cela n'a pas d'existence. Eh bien, allons-nous passer notre vie à réformer tout cela ? Cela n'en vaut pas la peine. Ainsi pensaient les stoïciens. Ce ne sont pas des révoltés ; ils se contentent de se taire, et de mourir, quand on leur demande de plier devant ces puissances injustes. De même les chrétiens répondaient : « *Non possumus*, nous ne pouvons pas. » Devant les exigences d'un Néron on ne se révolte pas, mais on ne plie pas : on meurt.

Voilà comme quoi le christianisme qui apportait le principe de l'égalité des âmes n'a demandé à la société aucune révolution dans le domaine politique et social. Par exemple, il y avait dans la société antique l'institution de l'esclavage. Les chrétiens proclament que toutes les âmes sont égales ; est-ce que le christianisme a prêché l'émancipation des esclaves ? Pas du tout.

Le stoïcien disait : « Vous êtes riche, vous êtes pauvre, cela est indifférent ; vous avez un rôle à jouer ; toi le rôle de roi, toi celui d'un esclave, peu importe ; joue-le bien ; ne laisse pas violer ton âme, reste toujours fier, toujours intègre, voilà tout. Qu'importe que tu sois un esclave ? tu es libre intérieurement. » Le chrétien aussi disait : « Dans toutes les situations en ce monde on peut servir Dieu, et c'est cela seul qui importe. » Et voilà comment le christianisme qui portait en lui le principe de tant de changements, ne les a pas proclamés nécessaires. Il a laissé subsister l'esclavage et la situation dépendante de la femme.

Cependant dès les origines, dans les toutes primitives églises chrétiennes, on voit les femmes jouer un rôle particulier, surtout celles qui ne sont pas enfermées dans les liens de la famille, les veuves et les vierges.

Le rôle des veuves dans les anciennes églises est très intéressant. Ces veuves, restées seules dans le monde, pensaient que le meilleur usage à faire de leur existence, c'était de se consacrer à Dieu. Beaucoup de veuves faisaient cette espèce de consécration ; elles ne devaient plus désormais s'occuper que de bonnes œuvres, visiter les malades et les pauvres ; elles avaient même un costume particulier, que les documents du temps nous représentent, et qui ressemblait beaucoup au costume actuel des religieuses, et au vôtre aussi, Mesdames. Elles avaient ce voile que vous portez, ce bandeau cachant la moitié du front, le voile posé sur les cheveux, et sur la poitrine cette guimpe que portent beaucoup de religieuses. C'est parmi ces veuves consacrées à Dieu, que les Diaconesses étaient choisies. Elles devaient avoir au moins 40 ans, et avoir été mères. Elles formaient comme une espèce d'ordre. Ce n'était pas une congrégation, mais elles avaient cependant des obligations et des services spéciaux, surtout des services charitables ; elles s'occupaient des pauvres, des malades, visitaient les prisonniers, et veillaient à l'organisation matérielle des petites églises chrétiennes. Au second siècle, elles auraient eu, paraît-il, une certaine tendance à élargir leur rôle, à figurer activement dans le culte, dans les cérémonies de la messe. Il fallut même qu'un pape fît un décret pour les en empêcher. Ce décret est resté dans le droit canon. La femme ne doit jouer aucun rôle dans les cérémonies religieuses catholiques ; elle ne doit même pas chanter à l'église.

Si dans les églises d'Occident, assez vite on arrêta le zèle de ces dames, dans les églises d'Orient, il n'en fut pas ainsi ; on les y vit s'attribuer des fonctions qui, dans les autres églises, sont réservées aux prêtres, porter le calice et même administrer la communion.

A côté de ces veuves, et de ces diaconesses choisies parmi les veuves et tout spécialement consacrées au service de la charité et du culte, il y eut aussi dès les origines du christianisme les vierges qui se consacraient à Dieu et faisaient le vœu de ne pas se marier, vœu irrévocable ; elles vivaient dans leurs maisons, séparées des hommes, portant des vêtements sombres, s'adonnant aux exercices de la charité, au travail manuel, à la prière, chantant des psaumes aux heures canoniques. Mais dans les premiers siècles il n'y a pas encore de couvents ; ce n'est qu'au ive siècle, lorsque le christianisme fut triomphant, qu'on vit commencer l'institution des monastères de femmes.

Quelle situation le christianisme d'alors fait-il aux femmes, à celles qui ne sont ni veuves, ni vierges, dans l'intérieur même de la famille ? Eh bien, il ne touche pas à la puissance maritale, il laisse subsister la subordination de la femme au mari. Il n'y aurait pour s'en convaincre qu'à lire les paroles de saint Paul sur le mariage. Et voici encore des paroles significatives : « La femme est la gloire de l'homme et l'homme est la gloire de Dieu ». Ce qui indique une certaine hiérarchie qui ne nous donne pas tout à fait l'égalité. Il semblerait donc, à regarder les choses de l'extérieur, que la situation de la femme n'a pas changé. Mais ici il faut répéter ce que nous disions plus haut du christianisme, conservateur dans l'apparence, révolutionnaire dans le principe. Ce que proclamaient les chrétiens, c'était l'égalité des âmes. La femme a une âme aussi précieuse que celle de l'homme ; l'esclave a, lui aussi, une âme, égale à celle du maitre. L'évolution des droits de la femme et de l'esclave sortira de là, mais c'est une évolution qui a été très lente.

Ce qui est frappant dans les premiers temps du christianisme au point de vue de la question qui nous occupe, c'est le rôle des femmes dans les persécutions. La femme ne passe pas pour un être très courageux, elle est plutôt disposée à céder, à fuir ; elle craint le danger matériel, la douleur aussi. Combien alors on a dû être frappé de voir les femmes subir héroïquement les supplices les plus abominables ! Rien n'est plus éloquent que l'histoire de la persécution de Lyon, en France, sous Marc Aurèle, cet empereur si vertueux. (On est étonné qu'un pareil empereur soit l'auteur d'une persécution ; l'explication cependant est simple, mais ce n'est pas notre sujet.) Dans cette ville de Lyon moururent plusieurs martyrs que l'église lyonnaise regarde comme ses patrons, par exemple l'évêque saint Pothin. Mais celle qui nous touche le plus ici, c'est cette jeune esclave Blandine, faible, délicate ; on craignait qu'elle ne pût supporter les tortures qu'on faisait subir aux chrétiens ; mais elle donna l'exemple de façon à étonner tout le monde, chrétiens et païens. Ceux-ci disaient eux-mêmes que jamais on n'avait vu une femme tant souffrir. Nous avons la chance de posséder le récit émouvant que les chrétiens de Gaule envoyèrent aux chrétiens d'Asie — les églises avaient ces rapports les unes avec les autres ; — c'est là qu'on lit les détails du martyre de Blandine. Elle supporta tous les supplices qu'on lui fit endurer ; elle fut ensuite attachée à une croix dans l'arène et livrée aux bêtes qui, d'ailleurs, ne voulurent pas d'elle ; elle assista au martyre de tous les autres chrétiens et finit par être donnée en proie à un taureau furieux ; et comme elle n'était pas morte encore, on l'acheva avec le glaive.

L'exemple de Blandine est le plus frappant, mais il y eut d'autres martyres chrétiennes.

En dépit des persécutions et peut-être à cause des persécutions, (car les persécutions ont un attrait sur les grandes âmes ; on aime à être du parti de ceux qui souffrent, quand ils croient souffrir pour la vérité ; beaucoup de conversions se faisaient ainsi sur les lieux même du martyre ; des personnes qui ne savaient pas ce que c'était que le christianisme s'écriaient : « Et moi aussi je suis chrétien » et ils mouraient pour une religion qu'ils ne connaissaient même pas) — donc, en dépit et peut-être à cause des persécutions, le christianisme s'étendit jusqu'au moment où il devint si puissant, que l'empereur qui régnait alors, Constantin, jugea que c'était une force qu'il ne fallait pas négliger. Constantin est célèbre surtout par deux choses : pour avoir choisi comme résidence Constantinople, ville qui devait avoir des destinées si glorieuses, et pour avoir compris la force du christianisme et lui avoir donné la liberté. La conversion de Constantin n'a aucune ressemblance avec la conversion de saint Augustin, par exemple ; ce n'est pas une révolution d'âme, une illumination intérieure. Constantin était un politique, il a simplement su comprendre que le vieux paganisme était fini, et que l'avenir appartenait à la nouvelle croyance. Quoiqu'il soit très honoré par l'Église, il n'est rien moins qu'un saint.

C'est un fait important de l'histoire universelle que le christianisme soit devenu religion officielle ; à peine d'ailleurs, était-il religion officielle qu'il devint religion persécutrice ; les chrétiens qui avaient tant souffert de l'intolérance, lorsqu'ils furent au pouvoir à leur tour, se montrèrent aussi intolérants.

Il y a là une époque de transition très intéressante où nous voyons se débattre le paganisme expirant. Quelques-uns des personnages qui ont combattu pour lui ont de la valeur, par exemple l'empereur Julien. Il nous est sympathique à nous autres Français parce qu'il a vécu à Paris qui s'appelait alors Lutèce ; il a beaucoup aimé cette petite bourgade : « Je suis, écrivait-il, dans ma chère Lutèce, c'est ainsi que s'appelle la petite ville des Parisiens ». C'était en effet une petite ville, toute ramassée dans la Cité. Paris, à ce moment, n'avait pas beaucoup de magnificence, mais Julien en appréciait les charmes. Malgré cette reconnaissance que nous lui devons pour les amabilités qu'il a dites sur Paris, nous devons reconnaître que son œuvre ne pouvait pas réussir. Le paganisme mourait ; tout ce qui en restait n'était plus que décadence.

Où trouver à cette époque une pensée forte, quelque chose qui renferme de la vie ? Dans les écrits des nouveaux chrétiens.

Dans la défense du paganisme contre le christianisme figure un autre personnage intéressant, une femme, qui a vécu à Alexandrie; c'est la célèbre Hypatie; fille d'un savant philosophe, elle était elle-même extrêmement cultivée et savante; elle savait la géométrie, l'astronomie, les mathémathiques; elle avait étudié la philosophie; elle enseignait publiquement à Alexandrie. Elle avait beaucoup de beauté et d'intelligence, ce qui nous explique son succès; on allait en foule à ses leçons de philosophie. A ce moment, vivait dans Alexandrie le patriarche Cyrille, qui est célèbre par son caractère passionné et violent; c'était l'évêque des chrétiens. Il voyait avec indignation lorsqu'il traversait la ville cette foule d'auditeurs qui se rendaient aux leçons d'Hypatie. C'est très probablement à son instigation qu'éclata la sédition où le peuple chrétien se rendit coupable de l'abominable meurtre d'Hypatie; elle traversait la ville en voiture; elle fut assaillie, massacrée et déchiquetée; ce fut une scène véritablement sauvage. Hypatie devrait avoir sa statue à Alexandrie; à son défaut, elle a eu un poème de notre poète français Leconte de Lisle. Leconte de Lisle était très peu chrétien; il était même antichrétien; pour lui Hypatie représente la beauté, la philosophie, la liberté de la pensée, il en fait comme une martyre, une victime de ce qu'il regarde comme un étroit fanatisme.

Quoique le paganisme expirant ait eu de nobles défenseurs, il devait mourir; il avait fini son œuvre. Le christianisme triomphe, au ive siècle; Constantin le déclare religion officielle. Nous pouvons nous demander ce qu'il a fait de la femme.

D'abord, quel est le caractère du mariage chrétien? Avant tout, c'est une union religieuse; c'est un sacrement; il a un caractère indélébile, il est indissoluble. Voilà une chose à remarquer, dès lors, plus de divorce. Non seulement le christianisme n'admet pas le divorce, mais il ne voit qu'avec peine un second mariage. Quant aux troisièmes noces, le christianisme les déclare tout à fait abominables. On verra des souverains mariés plusieurs fois être en proie à tous les anathèmes de l'Église. Mais cette nouvelle conception du christianisme sur l'indissolubilité du mariage n'a pas passé tout de suite dans la loi. Les empereurs chrétiens de Byzance ont restreint le divorce autant qu'ils l'ont pu, mais cependant sans l'abolir. Pendant quelques siècles, le pouvoir civil conserva dans l'empire byzantin, le droit de s'occuper de la législation concernant le mariage. Ce n'est qu'au Xe siècle, que l'Église supplanta en ces matières le pouvoir civil.

Le droit romain continue aussi à régir la propriété et l'héritage. Cependant, là aussi, on voit une évolution qu'il est difficile de ne pas rattacher au christianisme. C'est à partir des *Novelles* de Justinien que les enfants seront liés civilement à la mère comme ils sont liés au père.

Vous vous rappelez que dans l'ancienne famille romaine il n'y avait pas de lien au point de vue de l'héritage entre le fils et sa mère ; ce lien étant établi, on peut dire qu'à partir de ce moment la vieille famille romaine n'existe plus. Elle n'a plus de raison d'être ; où sont les pénates, les lares, le foyer domestique ? Quelle signification ces idées peuvent-elles garder avec les idées nouvelles des chrétiens ?

Cependant il reste quelque chose de l'ancienne législation romaine, c'est la puissance maritale et paternelle. Et même dans la France d'aujourd'hui il y a encore des traces de ces vieilles idées romaines, de ces vieilles institutions.

Malgré tout, dès les premiers temps du christianisme, la femme a joué un rôle. Renan, dans son histoire si intéressante des *Origines du christianisme*, a fait ressortir ce caractère et marqué l'importance des personnages féminins de l'Évangile : Marie, mère de Jésus, et les autres femmes qui suivaient le Christ. Il insiste même un peu trop sur ce trait, et il donne aux femmes dans le développement de la religion chrétienne, un rôle certainement plus grand que celui qu'elles ont eu.

Mais à l'époque du christianisme triomphant et officiel, au ive siècle après J.-C., voyons ce qu'écrit saint Jérôme. Parmi les Pères de l'Église il est un des plus grands ; il est célèbre, entre autres choses, pour avoir traduit en latin, la langue de l'Occident, les écrits de l'ancien et du nouveau Testament, qui étaient en hébreu pour l'ancien et en grec pour le nouveau. Saint Jérôme était en relation d'amitié avec quelques dames distinguées de son temps; beaucoup de ses lettres qu'on peut lire encore aujourd'hui, sont adressées à ces correspondantes. Il les dirige, il cause avec elles; il les loue d'être, pour ainsi dire, les premières religieuses de Rome. Il y en eut qui vinrent dans sa solitude de Bethléem, mener une vie pieuse et sainte. Comme on reprochait à saint Jérôme de s'occuper plus de l'instruction des filles que de celle des garçons, il écrit à ce sujet : « Ceux qui me font un crime de vous adresser mes écrits, ô Paula et Eustochium, tiendraient un autre langage s'ils savaient... que Débora, juge et prophète, vainquit les ennemis d'Israël pendant que Baruch tremblait. » J'en viens aux femmes païennes, et je vois que les philosophes des Gentils eux-mêmes tiennent compte, non de la différence des sexes, mais de celle des esprits. Platon met en scène Aspasie dans ses dialogues ; Sapho est poète aussi bien qu'Alcée et que Pindare... Tout le monde admire Cornélie, mère des Gracques. Que dirai-je de la fille de Caton, épouse de Brutus, dont la vertu brille même à côté de celle de son mari et de son père ?

L'histoire de la Grèce et de Rome est pleine de traits de vertu des femmes; il faudrait des livres entiers pour les raconter. »

Dans les préceptes qu'ils donnent pour l'éducation des femmes, les Pères de l'Église veulent que la femme soit avant tout humble et modeste, mais ils lui permettent l'étude, préférable aux futilités; ils ne trouvent pas mauvais qu'elle sache le grec et même l'hébreu pour pouvoir lire les livres sacrés.

Dans ce même IVe siècle, voilà saint Augustin, le plus grand docteur de l'Église. Eh bien, dans l'histoire de saint Augustin apparaît aussi une figure de femme, celle de sa mère, sainte Monique, qui a eu sur lui une profonde influence; par ses supplications, elle contribua à déterminer la conversion de son fils. Il nous raconte dans ses *Confessions* toute la douleur qu'il éprouva à la mort de sa mère.

C'est encore au IVe siècle que commencèrent à se fonder les monastères de femmes. Nous avons vu que dès les origines du christianisme, il y avait eu des femmes qui se consacraient à Dieu, renonçaient au mariage, et menaient chez elles une vie toute pieuse, livrées au travail et à la prière. Au IVe siècle, elles commencèrent à se réunir et à vivre en commun. Il y eut de ces monastères en Égypte, en Palestine, à Rome, en Afrique. Dans les siècles qui suivent, on voit se multiplier les couvents de femmes, en Occident comme en Orient. Celles qui s'y réfugient se livrent avant tout au travail, à la prière, et à la charité. Ce qu'il faut remarquer ici, c'est que le christianisme admet que la femme, même en dehors de la famille, a une vocation. Ces femmes qui se consacrent ainsi à la religion, elles ne sont plus épouses, ni mères, ni filles; elles sont regardées comme ayant des facultés propres, une destinée propre, une vie dont elles n'ont à rendre compte à personne, excepté à Dieu. C'est une chose que nous ne trouvons pas dans l'antiquité. Il y a bien eu les Vestales à Rome, mais je n'ai pas besoin de vous dire que leur institution avait un tout autre caractère.

Nous arrivons ainsi à l'époque des invasions barbares. Ces invasions vont accentuer la séparation entre l'Europe occidentale et l'Europe orientale, séparation qui était déjà faite lorsque l'Empire s'est coupé en deux et qu'il y a eu une capitale de l'Orient, Constantinople, et une capitale de l'Occident, Rome. Les barbares germaniques ayant envahi la Gaule et l'Italie, l'Empire d'Occident s'écroule. L'Empire d'Orient continue à vivre. Il devait vivre ainsi jusqu'à la conquête turque en 1453, il avait donc encore de longs siècles d'existence devant lui.

Voilà donc deux mondes bien différents qui vont se développer l'un à côté de l'autre, ayant de temps en temps des relations, des points de contact, mais cependant bien séparés ; c'est, d'une part, l'empire byzantin, héritier des traditions de Rome et de la culture gréco-romaine dans l'art et les lettres ; c'est de l'autre côté le monde occidental conquis par les barbares, qui se développera sous la forme féodale et d'où sortiront les nations modernes.

L'histoire de l'Empire byzantin est célèbre, entre autres, par des troubles et des révolutions de palais où souvent les femmes ont joué un rôle. Le programme de nos conférences nous autorise donc à nous y arrêter. Il est vrai que de cette façon il ne nous apparaîtra pas sous un beau jour ; nous en verrons plutôt les intrigues et les petitesses. Il ne faudra pas oublier que cet empire a eu d'autres aspects plus nobles : un magnifique développement d'art, une grande œuvre de législation et de codification, et la continuation de la culture grecque et latine, le tout rendu possible par une défense qui fut souvent héroïque contre les invasions.

L'empire byzantin, quoique continuant l'empire

romain, est grec; l'empereur porte le titre de *Basileus*; l'impératrice porte bien l'ancien titre romain d'*Augusta*, mais aussi celui de *Basilissa*. Byzance était une ancienne colonie grecque ; lorsque Constantin y a transféré le siège de l'Empire, il lui a donné son nom, *Constantinople*, en grec la *Ville de Constantin*. On parlait grec à Constantinople, de même qu'en Asie Mineure, et c'est ainsi que toute une fraction de l'Église chrétienne a été et est demeurée grecque, et qu'il y a toute une littérature chrétienne en grec. Du reste le Nouveau Testament, le livre par excellence des chrétiens, contenant les Évangiles, est écrit en grec.

Lorsque je vous parlais des femmes athéniennes, j'étais heureuse d'évoquer mon souvenir du paysage athénien ; aujourd'hui c'est avec le même plaisir que j'évoquerai le paysage de Constantinople. La ville est bâtie sur une presqu'île qui s'avance en forme de proue de navire entre la Corne d'Or et la mer de Marmara, et dont l'extrémité est baignée par le Bosphore. Quand on arrive par mer et qu'on voit s'élever dans le ciel tous ces minarets et tous ces dômes, c'est une vision féérique. La ville impériale byzantine, c'est aujourd'hui Stamboul. Mais où sont les palais des empereurs? Où est le grand palais impérial qui était voisin de Sainte-Sophie? où le palais des Blachernes? Tout cela est détruit. Et qui est coupable de cette destruction? On est tenté de dire : les Turcs. Mais non, et malheureusement nous sommes pour quelque chose dans ce désastre, nous les Européens d'Occident. Il est bien connu que les premiers malheurs qui soient arrivés à cette ville merveilleuse de Constantinople lui vinrent des Occidentaux. Les croisés barbares (et c'est de nous que je parle), quand ils entrèrent dans cette ville éblouissante, furent stupéfaits de tant de richesses ; et, comme des barbares, ils ne se contentèrent pas d'admirer la beauté de ces

œuvres d'art en or et en pierres précieuses; ils pen-
sèrent que l'or était une excellente chose, et ils pil-
lèrent; il y eut un pillage éhonté. Tout le monde sait
que bien avant la conquête des Turcs, une grande
partie des monuments impériaux avait disparu. Quant
aux objets précieux, beaucoup furent apportés dans
les églises d'Occident; on en trouve en France et
dans d'autres pays.

Après ces malheurs, il y eut la conquête turque.
Il serait excessif de dire que les Turcs n'ajoutèrent
rien à l'œuvre de destruction, et ainsi, dans cette longue
suite de révolutions et de guerres, disparurent tous
ces magnifiques monuments impériaux. C'est à peine
si, vers cette partie des murs qui touche à la Corne
d'Or, dans ces quartiers aujourd'hui peu élégants,
mais si beaux et si pittoresques, des étages d'arcades
en ruines sont demeurés, vestiges d'un ancien palais,
et portant aujourd'hui le nom très peu byzantin de
Tekfour Séraï.

En dehors de ces restes, encore assez imposants
malgré leur délabrement malheureux, rien ne subsiste. Alors, lorsque nous voulons nous représenter
le cadre de la vie des impératrices byzantines dont
nous allons parler, il faut nous lier aux descriptions
des témoins d'autrefois. Ces témoins sont, ou les chroniqueurs byzantins, ou les visiteurs, soit qu'ils vinssent
simplement pour voir, soit qu'ils vinssent en conqué-
rants comme nos Croisés. On sait combien les Croisés
furent éblouis : Les Mémoires de Villehardouin témoi-
gnent de ce sentiment; mais comme Villehardouin
n'a pas encore la magie d'expression et la puissance
créatrice de style que nous trouvons par exemple dans
Loti, on voit qu'il est impuissant à peindre l'étonne-
ment, l'admiration que lui inspirent toutes ces merveilles.

Les écrivains byzantins nous décrivent la splen-
deur des appartements privés des empereurs; partout

le marbre, la mosaïque, l'or, les incrustations précieuses, les portes revêtues d'argent ou d'ivoire, les draperies de pourpre, les tapisseries brodées d'or; luxe qui a quelque chose d'un peu extérieur peut-être, mais il ne faut pas oublier qu'à côté de ce luxe extérieur, il y avait une architecture dont nous pouvons encore juger par Sainte-Sophie, par exemple. On a dit quelquefois que l'art byzantin péchait par les surcharges d'ornements. Il n'en est rien. Quand on visite Sainte-Sophie, ou les monuments inspirés des principes byzantins comme Saint Marc de Venise, on est au contraire saisi par l'extrême délicatesse, le goût et la sobriété des ornements. Nos architectes modernes qui ont élevé à Paris tant de monuments malheureux, qu'ils pénètrent seulement dans cette merveilleuse Sainte-Sophie, qu'ils regardent s'élancer cette coupole, à la fois grandiose et légère; ils auront quelques leçons à prendre.

L'art byzantin n'avait donc pas seulement cette richesse extérieure de la pourpre, de l'or et des pierres précieuses que nous décrivent avec admiration les chroniqueurs; il comportait une partie plus véritablement belle. Nous pouvons croire que les palais, participaient aussi de cette beauté, mais nous sommes obligés de le supposer.

C'est dans ce décor magnifique et somptueux que vivaient les impératrices de Byzance. Là, l'impératrice figurait à côté de l'empereur; elle prenait part aux cérémonies officielles, elle était couronnée en grande pompe, elle participait à tout l'apparat extérieur de l'empire, comme d'ailleurs elle participait au gouvernement.

Pour cette étude je me servirai surtout d'un livre dont l'auteur est spécialisé dans les questions byzantines, c'est M. Diehl, professeur à la Sorbonne. L'ouvrage, composé de deux volumes, est intitulé *Figures byzantines*. Il nous présente une galerie très variée de ces impératrices dont les unes ont été des intrigantes, des criminelles, ne reculant pas devant l'assassinat ; d'autres sont célèbres par leur vie scandaleuse ; d'autres ont été des dévotes, presque des saintes ; d'autres enfin ont été des femmes savantes, comme par exemple Anne Comnène.

LES IMPÉRATRICES BYZANTINES

Mesdames,

Nous avons indiqué la dernière fois dans quel cadre s'est déployée la vie des impératrices byzantines, cadre magnifique, de caractère oriental, car cette étiquette, ce formalisme, ces cérémonies pompeuses, sont venus plus de l'Orient que de l'Occident. Vous vous rappelez que la femme d'Auguste faisait elle-même les vêtements de l'Empereur ; Marc Aurèle menait aussi, quand il le pouvait, la vie d'un particulier ou d'un simple guerrier. C'est ce caractère oriental de la cour de Byzance qui a fait croire quelquefois que la vie des Impératrices byzantines était tout à fait cloîtrée. Or, à ce que nous dit M. Diehl, c'est là une erreur. Les Impératrices byzantines n'étaient pas renfermées dans le gynécée ; on les voit prendre part aux réceptions officielles ; elles sont chargées de recevoir les Dames de la Cour, les femmes des grands fonctionnaires ; et dans d'autres cérémonies, on voit figurer l'Impératrice à côté de l'Empereur. Elle assiste aux diners de cour. Dans certains cas, elle reçoit non plus seulement les dames, mais aussi les seigneurs, les grands fonctionnaires de l'Empire. Elle se présente au peuple, quelquefois en compagnie de l'Empereur, quelquefois seule.

Les Impératrices byzantines étaient parfois de très humble extraction. On raconte par exemple que tel Empereur ayant à choisir une femme, on fit venir de toutes les provinces un certain nombre de jeunes filles très jolies, recrutées même dans le peuple, et parmi lesquelles l'Empereur choisit. D'autres fois l'empereur s'éprenait d'une aventurière et l'épousait ; c'est le cas de Justinien, le plus célèbre des empereurs byzantins, épousant la célèbre Théodora. D'ailleurs il n'est pas étonnant que les empereurs n'aient pas été très difficiles sur la noblesse de leurs femmes, car eux-mêmes, n'étaient pas toujours d'extraction impériale. La succession à l'Empire était peu régulière ; il y avait des troubles, des révolutions de palais. Tel Empereur est renversé, tel autre arrive au trône. Le nouvel Empereur est parfois un aventurier heureux. Justinien était d'origine barbare, ce n'était pas du tout un Grec de famille impériale. Il est tout naturel que les empereurs n'étant pas eux-mêmes arrivés au trône par une longue succession héréditaire, comme les Bourbons en France, n'aient pas eu beaucoup de préjugés lorsqu'il s'agissait de chercher une femme. Quand ils en prenaient une honnête et jolie, sans aucune noblesse, c'était moins scandaleux que lorsque cette chance tombait sur un personnage comme Théodora.

Le mariage de l'empereur s'accompagnait de cérémonies solennelles. Avant le mariage on couronne l'Impératrice et elle va, revêtue de son magnifique costume impérial tout brodé d'or, se montrer au peuple du haut d'une terrasse ; alors les acclamations retentissent. Ensuite il y a réception de toute la cour. Puis la bénédiction nuptiale est donnée à l'église. Le soir, un dîner de cérémonie réunit les grands seigneurs et les grandes dames avec les souverains.

Les livres de M. Diehl, nous l'avons dit, nous offrent une galerie de portraits d'impératrices byzantines. Si nous voulions les étudier toutes, il faudrait leur consacrer plus de conférences qu'elles n'en méritent peut-être ; nous devrons donc faire un choix. Sauf Théodora ; celles que nous choisirons seront plutôt dans la bonne catégorie. Théodora est restée la plus célèbre de toutes, mais sa popularité est d'une espèce dont personne de nous ne voudrait.

Voici d'abord au ve siècle l'impératrice Eudoxie. Les noms d'alors indiquent souvent quelle préoccupation on avait dans le baptême. *Théodora* veut dire : *don de Dieu*. *Irène* signifie *la paix*. *Eudoxie, bonne manière de penser*; etc. Tous ces noms ont une signification heureuse. Eudoxie ne s'appelait pas ainsi d'ailleurs, en réalité. Les impératrices byzantines choisies en dehors de l'Empire changeaient de nom, comme cela se passe encore dans la famille impériale de Russie. Eudoxie s'appelait *Athénaïs*, elle était d'Athènes. Athènes était à ce moment une ville encore très lettrée. Ah ! ce n'était plus la terre de Platon et de Sophocle ; non, on était en pleine décadence ; mais cependant il y avait encore une culture, une université, et précisément Athénaïs était fille d'un professeur de cette Université. Elle était extrêmement cultivée. Elle lisait et connaissait les anciens poètes. Du reste elle épousa un empereur, Théodose II, qui lui-même était un lettré, un savant, un amateur de beau langage, s'occupant de beaucoup de choses, peignant, dessinant. A la cour impériale, alors très édifiante, se trouvait la sœur aînée de l'empereur Théodose, Pulchérie, dont le caractère vaudrait la peine d'être étudié. C'est une dévote. Autour d'elle tout se plie à la mode du moment; dans l'entourage impérial il n'est question que d'aumônes, de bonnes œuvres, de fondations pieuses.

L'influence de l'impératrice Eudoxie semble s'être fait sentir dans le domaine de la culture et des lettres ; en particulier, on peut croire que c'est grâce à elle qu'a été fondée l'université de Constantinople en 425. Dans cette Université la part principale est donnée aux lettres, surtout à la culture hellénique préférablement à la culture latine ; mais tout cela tourné du côté religieux, car c'était la grande préoccupation des Byzantins. Ils se passionnaient pour ces questions, où ils apportaient une subtilité extraordinaire, se querellant, à la lettre, pour un *iota*. Vous le savez, il existe une différence dans les textes acceptés par l'Église occidentale et par l'Église orientale ; un point les sépare, qui vient de la manière d'écrire un mot grec et de mettre ou de ne pas mettre l'*iota*. Le nom de *querelles byzantines* désigne encore aujourd'hui une querelle sur des pointes d'aiguilles.

Le dogme chrétien pris dans son ensemble est simple et les gens de peu de culture acceptaient le christianisme de cette manière : ils y voyaient le salut qui leur était annoncé et comment on leur prêchait la charité, mais ils n'entraient pas dans les discussions de théologie. Les Byzantins voulaient, eux, déterminer quel pouvait être le sens précis du terme donné. Quand on entre sur ce terrain, on ne sait plus quand on en sort. Il y a en effet un côté du christianisme qui peut être fertile en discussions de ce genre : par exemple, l'idée de la trinité ; un Dieu qui est un, mais cependant est trois, lesquels trois ne forment qu'un Dieu. Aux enfants à qui on apprend le catéchisme on dit : « C'est un mystère » mais des théologiens, ne se contentent pas d'une telle parole ; il faut que la chose devienne intelligible pour leur esprit. Alors toutes les interprétations deviennent possibles, et c'est ce qui arrivait à Byzance.

Une querelle de ce genre éclata à propos de l'opinion des Monophysites, qui prétendaient que le Christ n'avait qu'une seule nature. Leur manière de voir ayant été condamnée par un concile, ils furent considérés comme hérétiques. Les dogmes n'étaient pas encore fixés ; il y avait des points sur lesquels la croyance était libre, l'Église n'ayant pas encore décidé quel sens il fallait attribuer à tel ou tel passage des livres sacrés. Lorsque les discussions devenaient par trop âpres, on réunissait un concile, c'est-à-dire une assemblée d'évêques. On se fondait pour cela sur la parole du Christ : « Lorsque vous serez réunis en mon nom, je serai avec vous. » L'Église interprétait cette parole dans ce sens : « Toutes les fois que l'Église se rassemblera pour chercher à fixer un point de religion en invoquant le nom du Christ, le Christ sera avec elle et ce qu'elle décidera sera la vérité. » Donc toutes les fois qu'il y avait une discussion, on assemblait un concile. Il y en a eu ainsi toute une série, dont le dernier a été tenu en 1869-1870. Dans l'histoire orientale, à l'époque que nous étudions, ils ont été très fréquents ; il y a eu plusieurs conciles de Constantinople, de Nicée, de Chalcédoine (aujourd'hui Scutari). La décision prise, les chrétiens condamnés ne se tenaient pas pour battus ; et c'est ainsi qu'on a vu traîner cette fameuse querelle des Monophysites. Des impératrices se mêlèrent de la chose, Eudoxie se prononça en faveur des Monophysites. Elle soutenait l'évêque de Constantinople Nestorius (qui fut considéré ensuite comme hérétique), contre Cyrille, le célèbre patriarche d'Alexandrie, que nous avons vu si passionné contre Hypatie.

Mais peu à peu s'accentua la lutte d'influence entre l'impératrice Eudoxie et sa belle-sœur Pulchérie. Dans cette lutte, Eudoxie fut vaincue ; elle obtint de son mari la permission de se retirer à Jérusalem. Là nous la trouvons mêlée encore à beaucoup d'intrigues, faisant assassiner, malgré toute sa piété, le gouverneur de Jérusalem. Certaines impératrices, coupables de meurtres, sont restées honorées par l'Église, parce qu'elles s'étaient prononcées en faveur de l'orthodoxie. Eudoxie, elle, n'était pas orthodoxe, et la tradition chrétienne est sévère à son égard.

C'est surtout dans les dernières années de son existence qu'elle se donna aux occupations littéraires, mais toutes orientées dans le sens religieux : des traductions en vers grecs de passages de l'Ancien Testament; et surtout un curieux poème en trois chants sur Cyprien d'Antioche. C'est une de ces histoires de conversion au christianisme comme il y en a beaucoup d'autres. Ce poème, d'après M. Diehl, a des parties très intéressantes. Cyprien est représenté comme soumis au pouvoir du démon, puis converti par un véritable miracle à la doctrine chrétienne. Et il y a là, dit M. Diehl, un portrait de Satan qui rappelle celui qu'en trace Milton dans le *Paradis Perdu*. Il n'est pas figuré comme un être haïssable, odieux et laid, mais comme un ange de lumière, comme un personnage brillant, éclatant, qui se perd seulement par son orgueil. C'est tout à fait la conception du Satan de Milton. D'autres traits de l'histoire de Cyprien rappelleraient la légende de Faust et de Méphistophélès. Enfin d'autres passages feraient songer à la Divine Comédie. Il semblerait, d'après tous ces rapprochements, que ce poème dût être un véritable chef-d'œuvre, mais le sujet, avec ces divers caractères, était donné par la légende; Eudoxie s'est bornée à le mettre en œuvre, et la forme, qui lui appartient, est paraît-il, médiocre. Voilà pourquoi sans doute ce poème est aujourd'hui si inconnu du public.

Nous arrivons maintenant à un autre personnage beaucoup plus curieux : c'est Théodora. Celle-là est tout à fait originale. Elle a, il faut le dire, une réputation exécrable, qui lui vient en grande partie de l'histoire secrète de Procope. Procope est un historien byzantin qui a laissé deux histoires : l'une officielle, l'autre secrète. On s'attache généralement à l'*Histoire secrète*; la curiosité est piquée par toutes ces médisances, et on s'imagine volontiers qu'il y a plus de vérité là qu'ailleurs. Ce n'est pas ici le lieu de discuter longuement ce que pourrait produire l'abus d'une pareille méthode; il suffit d'indiquer qu'alors on courrait risque de faire l'histoire avec ce qu'on appelle vulgairement des *cancans*. Il y a aujourd'hui une tendance à aller dans ce sens, à faire, par exemple, l'histoire de Napoléon avec des Mémoires comme ceux de Madame de Rémusat ou de Bourrienne; certainement on ne verra ainsi l'histoire napoléonienne que par ses très petits côtés. Voilà pourquoi on a pu dire qu'il ne faut pas faire l'histoire de Justinien uniquement d'après l'*Histoire secrète* de Procope.

Quoi qu'il en soit il nous fait un portrait peu avantageux de Théodora. D'autres témoignages encore la desservent; la tradition chrétienne l'a beaucoup maltraitée, parce qu'elle s'est prononcée en faveur des hérétiques monophysites; aussi on ne lui pardonne rien, tandis que pour d'autres personnages on s'est montré indulgent : voyez ce que l'Église a fait de Constantin.

Ainsi, soit qu'on étudie Théodora dans l'histoire secrète de Procope, soit qu'on écoute ce qu'ont pu dire d'elle les chrétiens, ce ne sont pas de bons renseignements qu'on recueillera. Il paraît, d'après M. Diehl, qu'il y aurait à retrancher quelque chose de tous ces mauvais témoignages. Sans doute on ne prête qu'aux riches, et toutes ces histoires ont bien quelque fondement; Théodora n'a pas été une sainte, loin de là ; malgré tout M. Diehl penche vers une certaine indulgence. Il attribue à Théodora des qualités politiques; il croit qu'elle a pu exercer une bonne influence dans le gouvernement, dans les lois. Peut-être, par galanterie pour une femme, lui fait-il plus d'honneur qu'elle n'en mérite.

Théodora, d'après l'*Histoire secrète* de Procope, est tout simplement la fille d'un gardeur d'ours à l'Hippodrome ; ce n'est pas par conséquent une extraction bien relevée ; non que j'entende par là une extraction basse au point de vue de la classe, parce qu'il peut y avoir des caractères très nobles aussi bien dans le peuple que dans les classes sociales les plus hautes ; mais ce n'est pas généralement dans ce monde de chanteurs et de danseurs, qui était l'entourage de Théodora, que se recrutent les vertus. Théodora semble bien avoir profité des leçons de son entourage. Procope place à cette époque des histoires scandaleuses. Mettons qu'on doive en rabattre un peu et qu'elle n'ait pas eu toutes les aventures éclatantes qu'on lui prête ; il reste pourtant qu'il y a dans le commencement de sa vie une partie extrêmement scabreuse, et M. Diehl reconnaît qu'à ce moment Théodora s'est très mal conduite. Elle avait beaucoup de beauté, beaucoup d'intelligence, beaucoup de génie pour l'intrigue.

On la voit ensuite quitter Constantinople, s'en aller en Orient et y mener une vie assez misérable, puis on la trouve à Alexandrie, qui était alors une ville chrétienne. Dans les environs et dans toute la région s'élevaient de nombreux monastères. On s'est demandé si peut-être Théodora n'avait pas rencontré là des influences qui avaient pu lui persuader de changer de vie ; toujours est-il qu'elle rentre à Constantinople. Elle y rencontre Justinien qui s'éprend d'elle à cause de sa beauté et de son esprit et se décide à l'épouser. Ce n'était pas facile, car il y avait une loi qui interdisait absolument à tous les hauts personnages d'épouser des actrices ou des courtisanes, et Théodora était l'une et l'autre. Mais l'empereur Justin, par affection pour son neveu Justinien, change cette loi, et Justi-

nien obtient ainsi la permission d'épouser Théodora.
Bien plus, lorsque Justinien fut associé à l'empire,
en 527, dans la cérémonie qui montra Justinien comme
l'Empereur désigné, Théodora figure à côté de lui,
elle se montre au peuple, comme faisaient les impératrices byzantines au moment où elles étaient élevées
au pouvoir.

Une mosaïque à l'église Saint-Vital de Ravenne
nous représente Justinien et Théodora. Elle nous les
montre avec leur cour, entourés de tous les personnages officiels. Jusqu'à quel point pouvons-nous
prendre ces figures pour des portraits? M. Diehl
essaie d'y retrouver quelques traits de Théodora,
mais vous verrez, en regardant la photographie que
je vais faire circuler parmi vous, qu'il n'y a vraiment
rien d'individuel dans cette figure, dont le principal
caractère est justement de n'en point avoir. Comment
espérer avoir les portraits de Théodora et de Justinien
dans cette mosaïque, alors qu'il nous suffit de regarder les différentes figures qui les entourent pour
remarquer que toutes se ressemblent? Elles ont toutes
des yeux immenses, un long nez, un ovale allongé;
et quantité de figures byzantines sont comme cela.
Les madones byzantines, par exemple à Torcello, près
de Venise, où il y a des mosaïques si vieilles, ont le
même caractère. Ce que nous chercherons dans la
mosaïque de Ravenne, ce n'est donc pas la physio-
nomie de Théodora, nous devons y renoncer; c'est
son costume. Lorsque, dans le théâtre français moderne, Sardou a écrit sa *Théodora*, il a eu bien soin
d'aller voir ces mosaïques et d'y étudier les costumes
pour les reproduire exactement; car vous savez qu'il
y a chez les auteurs dramatiques modernes une tendance à donner dans les pièces historiques, une place
beaucoup plus grande à la restitution des costumes
qu'à l'étude des caractères. Une tragédie de Racine
peut se jouer entre quatre murs nus, elle sera toujours

aussi belle. Pour écrire *Bajazet*, Racine n'a pas cru devoir faire le voyage de Constantinople. Mais dans les drames historiques modernes, on donne souvent la première place au décor. — Qu'est-il donc, ce costume de Théodora? Ce sont de lourds vêtements extrêmement riches, majestueux et pompeux ; d'abord une longue robe, dont on aperçoit les ornements au-dessous du manteau de Théodora ; puis le manteau, très raide, tombant depuis les épaules jusqu'aux pieds et brodé de toutes sortes d'ornements. Il est teint de pourpre violette ; en bas, il a une large bande brodée de personnages ; ces broderies sont d'or et d'argent. Théodora est parée comme une idole ; elle porte un haut diadème enrichi de pierres précieuses incrustées, et toutes sortes de bijoux, de pendeloques, qui tombent du haut de la tête, se répandant sur la poitrine et sur les épaules.

C'était là, sans doute le costume d'apparat. On a représenté tous ces personnages vêtus de leurs plus beaux atours, et dans une cérémonie. Il faut espérer qu'en dehors des cérémonies, les impératrices byzantines portaient chez elles des vêtements plus souples et plus commodes. Mais Théodora semble avoir beaucoup aimé les grandeurs extérieures. Ce luxe, cette pompe, lui rappelaient à chaque instant qu'elle, qui avait été une misérable figurante à l'Hippodrome, elle était devenue l'Impératrice, celle à qui tout le monde rendait hommage. C'est un peu le défaut des parvenus de vouloir toujours se persuader qu'ils sont bien, en effet, arrivés à ce haut rang. Les personnes nées dans un rang élevé n'éprouvent pas le besoin de faire sans cesse sentir leur grandeur ; au contraire celles qui sont d'une extraction plus humble et même très basse, comme c'était le cas pour Théodora, celles-là tiennent à affirmer leur nouvelle fortune et à faire sentir aux autres que dorénavant il faudra s'incliner et leur céder la première place, Théodora a certainement eu cet amour des grandeurs beaucoup plus que ne l'aurait eu une impératrice *porphyrogénète* c'est-à-dire *née dans la pourpre.*

Quel a été le rôle de Théodora ? D'abord, on peut croire qu'une fois mariée à Justinien, elle a cessé sa vie scandaleuse. On lui a encore prêté des aventures, mais, toujours d'après M. Diehl, ces aventures n'ont pas dû être nombreuses, parce que si elles l'avaient été Procope n'aurait pas manqué de nous les raconter, lui qui est si riche en détails sur la vie scandaleuse de Théodora du temps qu'elle appartenait au monde de l'Hippodrome et des acteurs. Probablement Théodora tint avant tout à conserver son pouvoir et à ne pas donner prise à la moindre médisance qui eût pu aboutir à la faire renvoyer ; car les impératrices byzantines n'ont pas toujours gardé leur rang ; on voit des empereurs se séparer de leurs femmes. Théodora resta sur le trône jusqu'à sa mort ; Justinien resta toujours attaché à elle.

Dans ce gouvernement, quel fut le rôle de Théodora ? Il s'exerça dans différentes matières. Elle a joué un rôle important lors de la célèbre sédition de Constantinople du mois de janvier 532. Justinien, à ce moment fut à deux doigts de sa perte ; un peu plus, et il subissait le sort de tant d'autres Empereurs. Qui a sauvé le pouvoir de Justinien ? C'est Théodora. Quand Justinien veut fuir, c'est Théodora qui s'indigne de cette lâcheté et qui s'écrie : « Va-t'en si tu veux moi je reste, la pourpre est un beau linceul, j'approuve cette parole. » C'est le mot d'une ambitieuse, si vous voulez, mais enfin elle sauva le pouvoir de Justinien. L'Empereur et les gens de son entourage se ressaisirent, et la sédition fut vaincue. Justinien n'oublia jamais ce qu'il dut en cette occasion à Théodora.

L'influence de Théodora s'est encore exercée dans la législation ; elle a inspiré à Justinien un certain nombre de réformes qui vont dans le sens d'une plus grande protection donnée aux femmes et qui tendent à consolider l'institution du mariage. C'est au point que, dans son livre plus spécial sur Théodora, M. Diehl a pu intituler un de ses chapitres : « Le féminisme de Théodora ». Mais ce n'est certainement pas une des patronnes qui font le plus d'honneur au féminisme.

Dans les questions religieuses, Théodora se déclara en faveur des hérétiques monophysites. M. Diehl voit là une preuve de l'esprit politique de Théodora. En effet, quelles Eglises se rattachaient à cette hérésie monophysite ? c'étaient surtout les Eglises d'Orient, celles de Syrie, d'Egypte. Au lieu de mécontenter ces Eglises orientales et de les pousser à se séparer de l'Empire, elle eut l'esprit de leur faire des concessions ; c'était un moyen de les apaiser et de les retenir. Y avait-il là en effet une profonde vue de politique ? ce qui est sûr, c'est que par cet appui donné aux hérétiques Théodora se rendit impopulaire parmi les orthodoxes, et toutes les fois que ceux-ci auront à parler d'elle, ils la traiteront mal. Cependant elle fit de nombreuses fondations pieuses et de grandes constructions, entre autres l'église des Saints-Apôtres.

Quant aux moyens dont elle se servit pour exercer son pouvoir, ils furent dénués de tout scrupule. M. Diehl, qui est plutôt indulgent pour Théodora, écrit : « Tous les moyens lui furent bons, la force et la perfidie, le mensonge et la corruption, l'intrigue et la violence. » Peut-être même alla-t-elle jusqu'à l'assassinat. Partout, elle plaça ses créatures au pouvoir ; elle ne recula devant rien lorsqu'il s'agissait de personnes pouvant contrecarrer son influence. Enfin elle aimait l'argent, ce qui n'a jamais été le trait d'une grande âme.

Elle mourut en l'an 548, avant Justinien, si bien que jusqu'à sa mort, elle resta en possession du trône, de la pourpre qu'elle aimait tant et de la faveur de l'empereur.

Il nous est difficile de porter un jugement d'ensemble sur Théodora ; il faudrait pour cela compulser par soi-même, tous les documents, et avoir en mains toutes les pièces du procès. Faute de cela, nous ne pouvons donner qu'une simple *impression*. Cette impression n'est pas favorable, Théodora paraît avoir travaillé surtout pour elle, et par dessus le marché peut-être pour l'empire. On comprend que Justinien lui en ait été reconnaissant ; mais la postérité ne lui a pas les mêmes obligations.

On peut encore citer à la fin du huitième siècle l'impératrice Irène, femme de l'empereur Léon IV. C'était l'époque de la querelle au sujet du culte des images. Ce culte avait pris une grande importance chez les chrétiens d'Orient ; on multipliait les images, on leur adressait toutes sortes de dévotions. Or il y avait une fraction de l'Eglise qui pensait que ce culte, arrivé à ce point, devenait de l'idolâtrie, et qui entreprit de faire la guerre aux images, d'où le nom d'*Iconoclastes* (*briseurs d'images*) donné aux gens de ce parti. L'empereur Léon IV soutenait les Iconoclastes.

L'impératrice Irène était une Athénienne, mais non plus une Athénienne comme Eudoxie, cultivée dans les lettres antiques. Athènes en effet était devenue une ville chrétienne ; le Parthénon avait été transformé en église, Irène, très pieuse, avait gardé le culte des images. Tant que vécut son mari, elle fut obligée de le dissimuler. Un jour, on trouva une image cachée dans sa chambre ; elle prétendit que cette image avait été mise là sans qu'elle en sut rien ; mais à partir de ce moment elle fut en disgrâce. La mort de Léon IV survenue ensuite fut le signal de la victoire des adorateurs d'images ; les couvents fermés se rouvrirent de tous côtés, sous la protection d'Irène qui prit la régence pendant la minorité de son fils Constantin VI. Les inconoclastes étant considérés par l'Eglise comme des hérétiques, il s'ensuit que la tradition chrétienne est favorable à Irène. Mais cela n'empêche pas l'odieux de sa lutte contre son propre fils qu'elle voulut empêcher de régner quand il en eut l'âge. En 790 une révolte militaire obligea Irène à s'éloigner et à laisser régner son fils. Mais rappelée par celui-ci au Palais dès 792, elle se prépara à la revanche. Elle poussa Constantin VI à répudier sa femme Marie, qu'il n'aimait pas, pour épouser Théodote, une fille d'honneur dont il s'était épris. Ce fut un terrible scandale dans l'Église et dans tout l'Empire. Irène en profita pour former un complot. Ses partisans se saisirent de Constantin qui avait passé sur la côte d'Asie, le ramenèrent à Constantinople et l'enfermèrent au Palais où, par ordre de sa mère, le bourreau vint lui crever les yeux.

Ce supplice n'est pas une exception dans les annales byzantines; on ne se contentait pas de faire mourir les vaincus, on les torturait; plusieurs personnages furent aveuglés; mais ce qui est abominable c'est de voir une mère faire subir ce traitement à son fils. A ce propos le chroniqueur Théophane écrit : « Le soleil pendant dix-sept jours s'obscurcit et n'émit point ses rayons, à ce point que les vaisseaux erraient sur la mer; et tous disaient que c'est à cause de l'aveuglement de l'empereur que le soleil refusait sa lumière; et ainsi monta sur le trône Irène, mère de l'empereur. »

Irène régna alors. On la vit favoriser les couvents, alléger les impôts, douanes et taxes, faire des fondations charitables, ce qui la rendait très populaire. Elle noua des relations avec le grand empereur d'Occident, Charlemagne. Mais une révolution de palais, chose fréquente à Byzance, éclata en 802; le peuple était consterné; il ne voyait dans Irène que l'impératrice qui avait ramené le culte des images et diminué les impôts. Irène fut réléguée dans le monastère qu'elle avait fondé elle-même à Prinkipo; puis transférée à Lesbos, où elle mourut.

Voilà une histoire qui peut nous donner une idée des intrigues byzantines, politiques et religieuses. Il nous reste maintenant à dire quelques mots d'une autre princesse, lettrée et brillante, la fille de l'empereur Alexis, Anne Comnène.

FIN DE L'HISTOIRE DES PRINCESSES BYZANTINES

LES FEMMES FRANÇAISES AU MOYEN ÂGE

MESDAMES,

Avant de quitter l'histoire des princesses byzantines, il nous reste à dire quelques mots sur Anne Comnène.

Elle vécut à la fin du xie siècle et dans le courant du xiie. Vous savez que l'Empire grec a été occupé successivement par plusieurs familles ; la famille des Comnène est au nombre des plus intelligentes et des plus lettrées. Fille de l'empereur Alexis, Anne était une *porphyrogénète*, c'est-à-dire née dans la pourpre. Elle espéra longtemps qu'elle régnerait elle-même et ne serait pas seulement une fille d'Empereur. Ses espérances furent déçues : elle n'a jamais régné. Elle est restée célèbre par sa culture ; elle avait beaucoup lu et beaucoup étudié les poètes classiques de l'ancienne Grèce. Car, tandis qu'en Occident ces trésors de l'ancienne littérature se perdaient, ils étaient conservés, au contraire, dans l'Empire byzantin. A l'époque d'Anne Comnène, il y avait un regain de cette culture ; de nombreux grammairiens, des commentateurs, étudiaient les écrivains anciens et se piquaient, de restaurer le style classique. Dans ce milieu tout intellectuel, Anne reçut une instruction très étendue, cultivant à la fois les lettres, l'histoire, la philosophie et les sciences. Sa vie fut régulière et irréprochable. Elle eut au plus haut degré le sentiment familial : toutes les fois que dans son histoire — car elle écrivit l'histoire de son père — elle rencontre un des membres de sa famille, elle en fait le portrait le plus élogieux. Elle admire sa mère, sa grand'mère, son mari mais surtout son père, pour qui elle montre une véritable adoration. Ce sentiment familial très légitime l'abandonne dans une circonstance : elle a eu un frère, né bien après elle, au moment où elle espérait régner ; la naissance de ce frère fut un véritable coup pour elle ; aussi elle ne peut pas le souffrir ; elle l'appelle « ce petit noiraud » elle le juge beaucoup moins intelligent qu'elle-même et elle trouve vraiment fâcheux qu'il soit destiné à régner. Sa mère Irène partageait ces sentiments et souhaitait que sa fille, qu'elle admirait beaucoup, fût héritière du trône. Aussi voit-on lorsque approche la fin du règne d'Alexis, des intrigues se nouer tout autour de lui ; sa femme essaie de le circonvenir pour qu'il désigne comme héritiers sa fille et son gendre ; jusqu'au dernier moment on tente d'arracher cette résolution à Alexis. Mais ces efforts échouèrent et à la mort d'Alexis, son fils Jean Comnène fut empereur. Tant que son mari vécut, Anne Comnène conserva l'espoir qu'elle arriverait à régner. A la mort de son mari, elle dut abandonner définitivement ses ambitions et se consacrer uniquement à la piété et à l'étude. Elle se mit alors à écrire. Son mari avait commencé une œuvre historique ; elle la continua : ce fut la fameuse *Alexiade*, l'histoire d'Alexis Comnène. Quelle est la valeur historique de ce livre ?

Quoique l'auteur se pique d'impartialité, on ne peut nier que ce ne soit en grande partie un panégyrique. Cependant Anne cite ses sources, allègue les témoignages qu'elle a recueillis, utilise les archives de l'Empire, donne la copie de documents et d'actes authentiques. En un mot elle a eu quelques unes des préoccupations de l'historien.

Les femmes qui se sont consacrées aux travaux historiques sont d'ailleurs peu nombreuses; c'est une raison pour nous d'honorer les essais d'Anne Comnène. Les femmes écrivent des romans; quelquefois des Mémoires, des Souvenirs personnels, des études de détail, littéraires ou biographiques, mais l'histoire vraie, avec ce qu'elle a d'un peu sévère, ne paraît pas avoir grand attrait pour elles. Là il faut chercher des documents, travailler sur des manuscrits, fouiller les bibliothèques, faire une besogne d'érudit, toutes choses qui n'intéressent les femmes que bien rarement.

Dans sa jeunesse, Anne Comnène avait vu l'entrée des croisés à Constantinople, les croisés de la première croisade s'en allant en Palestine. Les jugements qu'elle porte sur eux ne sont pas très flatteurs; elle est scandalisée de la grossièreté de tous ces gens. Un pourtant paraît lui avoir plu : c'est Bohémond, le futur prince d'Antioche, qui a la mine d'un héros. Mais d'une manière générale, elle se montre sévère. Il y a là tout le dédain d'une princesse qui vit dans une société cultivée, au milieu des arts et des lettres, et qui voit arriver tout à coup des barbares.

Les peuples d'Occident qui avaient passé par Constantinople lors de la première croisade savaient dorénavant le chemin. C'est pourquoi nous les verrons revenir au commencement du xiiie siècle. Ils viennent, mais non plus en passant; ils renversent l'Empire grec, ils établissent un Empire latin, qu'on peut presque appeler un empire français. Cet empire dura peu.

En 1261, l'Empire grec est rétabli; il dura encore jusqu'à la conquête turque.

Nous passons maintenant en Occident et ce sera désormais le terrain de nos études, puisque à partir de 1453 l'empire d'Orient devient Turc et que notre programme ne comporte pas l'histoire de la femme musulmane.

Dans cette étude sur l'Occident vous ne serez pas étonnées que je choisisse tout particulièrement l'histoire de la femme en France. C'est tout simple. D'abord je pourrai vous en parler avec plus de compétence que des dames anglaises et allemandes; d'autre part puisque vous avez reçu vous-mêmes une culture française et que vous venez écouter des conférences faites en français, c'est un signe que les choses françaises ont pour vous un intérêt particulier.

Dès les plus anciens temps de l'histoire de France, les femmes ont joué un rôle. A l'époque de la Gaule indépendante, les historiens marquent le pouvoir de la femme parmi les Gaulois, son influence dans leurs Conseils. Il y avait en Gaule tout un corps de prêtres, les *Druides*, instruits dans les choses religieuses et sacrées, et qui paraissaient même avoir eu une philosophie très profonde. A côté d'eux, il y avait aussi des *Druidesses*. Il semble que les Gaulois leur attribuaient l'art de la divination.

La conquête romaine, la propagation du christianisme, changèrent beaucoup la Gaule. Une remarque qui a souvent été faite, c'est que les peintures que les historiens antiques font du caractère gaulois, seraient encore en grande partie applicables au caractère français. Mais à un autre point de vue, la Gaule fut transformée. Conquise et administrée par les Romains, elle subit l'influence romaine; elle se mit à parler latin, ou tout au moins un grossier latin. Elle fut aussi profondément influencée par le christianisme. Lorsque les barbares germaniques entrèrent en Gaule ils trouvèrent, non la Gaule des Druides, celle de Vercingétorix, mais une Gaule romanisée et devenue en grande partie chrétienne. Cette Gaule s'était très vite mise à l'école de Rome ; les Gaulois paraissent avoir eu un esprit très vif, très actif, qui s'assimilait facilement les choses ; il y eut des écrivains gaulois, des écoles très florissantes, non seulement à Lugdunum qui s'appelle aujourd'hui Lyon et qui était la capitale des Gaules, mais aussi dans beaucoup d'autres villes.

C'est dans cette Gaule civilisée, romanisée, devenue chrétienne, que les barbares germains sont entrés. Nous les appelons les Barbares ; les écrivains germaniques, lorsqu'ils font l'histoire de cette période, se gardent bien d'employer ce terme : ils disent « la migration des peuples ». Nous disons, nous, « l'invasion des barbares », tout comme Anne Comnène appelait barbares les Français.

Donc, lors de l'invasion des Barbares, la Gaule était en grande partie civilisée ; il y avait des écoles, des écrivains, une culture. Si de ce moment de l'histoire de la Gaule, nous passons brusquement à l'époque qui suit l'invasion germanique, il semble que nous passions dans un autre monde. Plus de culture, plus d'écoles. C'est la barbarie, la sauvagerie ; des bandes se répandent d'un pays à l'autre, pillant, massacrant ; il y a des tueries, des vengeances. Il semblerait donc que tout a disparu de la culture latine et de ce que pouvait avoir importé le christianisme, et que dans le développement ultérieur de la France, si par hasard un ordre s'établit, si on crée de nouvelles institutions, de nouvelles lois, ce sera quelque chose d'entièrement germanique. Mais il n'en est rien.

C'est une grande question historique que de déterminer avec exactitude quelle est la part du germanisme et la part du gallo-romain, dans le développement de la France. Depuis les beaux travaux de Fustel

de Coulanges, il n'y a plus de doute sur la prépondé-
rance très grande de l'élément galio-romain sur l'élément germanique. Fustel de Coulanges fait remarquer
que les envahisseurs étaient en nombre très restreint ;
c'étaient des bandes qui entraient peu à peu et qui
ensuite campaient au milieu de la population gauloise
beaucoup plus nombreuse qu'ils ne l'étaient eux-
mêmes ; il va sans dire que quoiqu'ils aient beaucoup
pillé et tué, il n'ont pas exterminé toute cette population. De plus ils ne s'installaient pas dans les villes,
dont la vie leur était étrangère ; ils s'installaient en
dehors, et les villes continuaient à vivre. Puis on a
souvent remarqué que lorsque deux peuples entrent
ainsi en contact, c'est le plus civilisé qui conquiert
l'autre. Lorsque les Romains ont conquis la Grèce,
est-ce l'esprit de Rome qui à conquis l'esprit grec ?
Non, Rome s'est mise à l'école de la Grèce. C'est ce
que disait le poéte romain : « la Grèce vaincue a
triomphé de ses vainqueurs ». Nous voyons la même
chose dans la conquête de la Gaule romaine par les
Germains incultes. Est-ce la Gaule romaine qui s'est
convertie à la religion germanique ? Non, ce sont les
Germains qui ont abandonné leur Walhalla, leur Odin
et toutes les figures de la mythologie germanique
pour se convertir au christianisme. Est-ce que les Gaulois se sont mis à parler la langue germanique ? Pas
du tout, ce sont les Germains qui ont parlé la langue
des Gallo-Romains. Il est donc bien vrai et sûr que
dans son développement ultérieur, la France se rattache beaucoup plus à ce qui venait de la Gaule romaine
qu'à ce qui a pu lui venir de Germanie.

Fustel de Coulanges fait voir qu'il y avait dans la
Gaule romaine deux choses fortes et constituées, l'administration romaine et l'Eglise chrétienne. Les chefs
francs n'avaient pas d'administration ; ils étaient con-
tents de trouver en Gaule une organisation, pour s'en
servir. Il n'y avait pas d'Etat constitué chez les Ger-

mains ; ils vivaient comme des tribus guerrières, sans rien de régulier. Et quant à l'Eglise, cette autre force organisée, est-ce que les Germains l'ont détruite ? Non, pas du tout. Ils ont vu là quelque chose de solide, ils se sont alliés avec elle. C'est ce qui nous explique la conversion en foule de tous ces barbares. Lorsque Clovis se convertit au christianisme, ce n'était pas par une illumination céleste, c'était par une vue politique ; de même, lorsqu'il fait convertir ses guerriers, il ne faut pas croire qu'ils sont capables de discuter théologie avec les conciles de Constantinople par exemple. Non ; seulement comme l'Eglise était forte et qu'elle avait un grand pouvoir sur les populations, les Francs, dont quelques-uns étaient très intelligents, comme Clovis, ont trouvé bon d'en faire l'auxiliaire de leur domination. Voilà comment nous nous expliquons que dans le développement des institutions, des coutumes, des mœurs de la France, la part qui peut revenir aux Gallo-Romains est beaucoup plus grande que celle qui peut revenir aux Germains. C'est surtout aujourd'hui qu'on est arrivé à ce point de vue, car, il y a quelque temps, les historiens admettaient davantage une influence germanique.

Selon la loi romaine et la loi chrétienne, vous vous rappelez ce qu'était le mariage ; c'était le pouvoir donné à l'homme, la puissance de l'homme sur la femme. Aussi bien la loi romaine que les enseignements du christianisme consacraient cette primauté. Eh bien, dans tout le Moyen Age et plus tard encore, c'est ce qui reste la règle de la famille en France ; le mari est le chef, la femme n'a la plupart du temps qu'à obéir. Il est vrai qu'à côté de cela, certains usages peuvent se rattacher à des coutumes germaniques, mais ce sont des usages tout extérieurs. Tacite nous dit que déjà de son temps, chez les Germains, c'était la coutume que le mari dotât sa femme ' lui fît des présents. On retrouve le souvenir de cette coutume lorsque Clovis fait demander Clotilde en mariage ; il lui fait porter un sou, qui représente symboliquement cette espèce d'achat. Du reste il y a quelque chose d'analogue dans la pièce de monnaie que donnait le mari dans le mariage romain par *coemptio*. Des traces de cet usage restèrent dans le droit coutumier. D'après la coutume de Paris, le mari donnait à sa femme en l'épousant treize pièces d'or ou d'argent ; cet usage s'est conservé très tard, jusqu'au milieu du XIXe siècle. Mais nous n'avons pas à rechercher dans les diverses provinces de France les coutumes relatives au mariage, c'est une étude qui pourrait nous mener trop loin. Quelle est d'ailleurs la véritable origine de ces coutumes ? Il est très possible qu'elles ne remontent ni aux Germains, ni aux Romains, mais peut-être à des époques bien antérieures. Dans certaines provinces, on simulait encore au début du XIXe siècle un enlèvement. A ce propos, dans un de ses jolis romans rustiques, la *Mare au diable*, après avoir fini son récit romanesque, George Sand nous fait tout un tableau des noces de ses héros berrichons ; c'est très curieux ; on fait le siège de la maison, on vient enlever la femme, on chante des couplets, sans doute extrêmement vieux. A quoi peut-on rattacher ces coutumes pittoresques ? viennent-elles des Germains ou des Romains ? Il est probable qu'il faut les faire remonter beaucoup plus haut encore. Nous avons déjà vu, dans des civilisations plus anciennes, ce rapt de l'épouse, et comme quoi en souvenir, dans le mariage romain et grec, l'épouse était soulevée pour franchir le seuil de la maison de son époux.

Il faut signaler un trait particulier dans la loi féodale concernant le mariage : c'est que lorsqu'une femme devient l'héritière d'un fief, elle n'est pas libre de se marier à son gré ; le suzerain dont elle est la vassale peut l'empêcher de se marier, ou la forcer à se marier, ou lui désigner deux ou trois prétendants entre lesquels elle est libre de choisir. Nous le comprendrons si nous songeons à ce qu'étaient les institutions féodales. Le vassal tenait son fief de son suzerain ; il lui devait des services en échange. Le suzerain conservait toujours un droit supérieur sur le fief ; il pouvait ne pas vouloir que ce fief fût porté en des mains déjà puissantes. Ainsi saint Louis s'opposa au mariage de la comtesse de Flandre avec Simon de Montfort, parce que la réunion de son fief à ceux de ce dernier eût fait un domaine trop puissant : le vassal aurait pu gêner le suzerain.

Dans leurs anciennes lois, les Francs Saliens admettaient le divorce ; mais ce régime ne put subsister en Gaule, puisque les Francs étant eux-mêmes devenus chrétiens, le christianisme leur imposait l'indissolubilité du mariage. Pendant tout le moyen âge, les questions de mariage furent réglées par l'Eglise et par le droit canon. Il est vrai que les tribunaux civils jugeaient pour tout ce qui concernait les intérêts matériels nés du mariage ; c'est ce qui leur permit d'empiéter peu à peu sur le pouvoir de l'Eglise, et, vers le XVI⁰ siècle, de commencer à reconquérir leurs droits.

Quant au régime des biens dans le mariage, il a été différent suivant les provinces ; dans les provinces du sud qui se rattachaient en grande partie au droit écrit romain, c'est le régime dotal ; dans les provinces du nord, moins assujetties à ce droit, c'est le régime de la communauté des biens.

Dans les successions, la féodalité a fait prévaloir les principes qui étaient nécessaires pour la transmission des fiefs intégralement conservés. D'où le droit d'aînesse. C'est l'aîné qui hérite du fief ; les cadets deviennent ce qu'ils peuvent. Non seulement c'est l'aîné qui prévaut sur les cadets, mais encore c'est le fils qui prévaut sur la fille. Ceci n'est pas une nouveauté : dans le droit romain, nous avons déjà vu que le fils était toujours favorisé aux dépens de la fille.

Ainsi le fief se transmet de père en fils, par ordre de primogéniture. Il y a cependant un cas où la fille hérite : c'est lorsqu'elle n'a pas de frère. Voilà comment on a pu voir des femmes possédant des fiefs, exerçant tous les droits féodaux, et agissant par procuration, en se faisant représenter dans les actes qui exigeaient la présence d'un homme. En se mariant elles apportaient leurs fiefs à leur mari, et c'est ainsi que nous voyons souvent dans le cours de l'histoire féodale des domaines passer d'une maison à l'autre par des mariages.

La loi de transmission de la couronne de France a été la loi féodale de transmission de mâle en mâle, par ordre de primogéniture. Mais tandis que dans le droit féodal, la fille peut hériter du fief et l'apporter en dot à son mari, il n'en fut pas ainsi pour la couronne en France. Quand le roi Louis X mourut ne laissant qu'une fille, la question se posa, et c'est alors qu'il fut décidé que la couronne de France ne pourrait pas appartenir à une femme, « tomber en quenouille » comme on disait. Sur quoi a-t-on pu appuyer cette décision ? Politiquement elle était très sage. Les fiefs qui tombaient entre les mains d'une femme pouvaient être portés au dehors par le mariage ; mais grâce à l'exclusion des femmes, le domaine royal français put se constituer sans jamais passer en des mains étrangères. Mais quel texte de loi pouvait-on invoquer à ce propos ? On fit intervenir l'Université de Paris et les États généraux, on obtint leur approbation ; et ce ne fut que plus tard que, voulant justifier l'adoption de cette coutume nouvelle, on alla chercher un vieil article de la loi des Francs dont personne ne se servait plus. Quand on établit quelque chose de nouveau, on aime bien pouvoir le justifier par un texte de loi et ce n'est pas difficile : les textes de lois sont très riches et si contradictoires qu'on peut toujours y trouver les décisions dont on a besoin. Cet article de la loi salique portait que la terre acquise par conquête ne pouvait pas être transmise à une femme. Ce texte, on le tira, on l'arrangea, de manière à lui faire signifier ce qu'on voulait. On s'avisa même de découvrir une parole de l'Evangile : « Les lys ne filent point » dit le Christ à ses disciples quand il leur recommande de ne pas se tourmenter des choses d'ici-bas. On fit là-dessus un jeu de mots. Est-ce que la couronne de France n'est pas la couronne des lys? Le royaume de France ne peut donc pas tomber en quenouille.

Ainsi fut fixé ce trait particulier de notre histoire. Les autres pays ont eu des souveraines qui n'ont peut-être pas gouverné plus mal que d'autres. Vous connaissez sans doute, à ce propos, la parole de la duchesse de Bourgogne à Madame de Maintenon : « Les reines gouvernent mieux que les rois, ma tante, (elle appelait ainsi Madame de Maintenon) et savez-vous pourquoi? c'est parce que sous les reines, ce sont les hommes qui gouvernent, tandis que sous les rois, ce sont les femmes ». Observation piquante si on songe au rôle de Madame de Maintenon sous Louis XIV. Nous n'avons pas eu à expérimenter ce gouvernement des reines; les reines de France ont été simplement les femmes des rois; mais aucune femme n'a régné par elle-même sur la France; nous n'avons jamais eu de prince-époux, mari de la reine, n'ayant aucun rôle constitutionnel, comme en Angleterre le prince Albert, époux de la reine Victoria.

Maintenant que nous avons donné ces détails un peu secs et arides, mais peut-être nécessaires, nous pouvons essayer de nous représenter la vie que menaient les femmes de France au Moyen Age.

Les monastères subsistaient toujours. Dans les temps de danger ils étaient un refuge. Beaucoup de femmes s'y retiraient et se consacraient à Dieu, menant une vie de prières, de travail manuel, d'aumônes. Elles y recevaient même une certaine culture. Sainte Radegonde fonda à Poitiers, au vi^e siècle, un monastère où elle enseigna elle-même. En quoi pouvait consister cet enseignement ? c'était sans doute une culture bien restreinte ; on apprenait à lire, à écrire, à chanter; cependant sainte Radegonde passe pour avoir été très lettrée; on lui a attribué un poème (dont elle n'est peut-être pas l'auteur). — On donnait l'instruction aux novices, mais aussi à d'autres jeunes filles qui venaient partager ces leçons sans se destiner elles-mêmes au cloître.

La langue des couvents fut le latin jusqu'à la fin du xiie siècle. Parmi les religieuses, plusieurs écrivaient et composaient des poésies en latin, toujours sur des sujets sacrés. Héloïse, qui était savante et qui avait appris non seulement le latin, mais la scolastique, la théologie, la philosophie, et même un peu de grec et d'hébreu, était regardée comme le premier poète de son temps. Aucune de ses poésies ne nous a été conservée, nous avons seulement ses lettres; quoique leur langage soit gâté par un peu de rhétorique, elles sont très passionnées et nous apportent un écho de l'histoire dramatique de l'amour d'Héloïse et d'Abellard.

En dehors des cloîtres, comment faut-il se représenter la vie des dames au moyen âge ? — Quand nous songeons à l'époque féodale, ce que nous imaginons tout de suite, ce sont les demeures, ces châteaux-forts perchés sur tous les endroits un peu hauts et dont on voit se dresser encore aujourd'hui les restes plus ou moins bien conservés, quelques-uns encore très imposants, tandis que d'autres ne sont plus que des murailles démantelées, des donjons à moitié écroulés et des ruines pittoresques. Ces demeures avaient ce caractère par suite de la nécessité des temps, parce qu'on n'était jamais sûr du lendemain, et qu'on pouvait toujours craindre une attaque; de là ces énormes murailles épaisses, ces tours, ces guetteurs qui regardaient toujours la campagne, ces fossés qui entouraient le château, ce pont-levis qu'on pouvait dresser pour faire du château une île à l'approche de l'ennemi. Quelle vie menait-on dans ces châteaux ? Assez souvent le baron était dehors, en expédition contre ses voisins, car c'était alors une guerre perpétuelle de seigneur à seigneur, de fief à fief; ou bien il était requis par son suzerain pour une chevauchée ; ou il allait plus loin encore, lorsqu'il partait en croisade. Si on avait quelque péché à se reprocher dans sa vie, on pensait qu'on ne pouvait mieux faire que de se croiser ; on s'en allait en Orient faire un pèlerinage à Jérusalem; quelquefois même on partait pour de grandes croisades, qui avaient pour but de reconquérir Jérusalem sur les Musulmans.

Pendant que le seigneur était ainsi hors de chez lui, le rôle de la femme, par la force des choses, devenait très important ; en l'absence du maître du fief, c'était sa femme qui était obligée d'administrer et de s'occuper des affaires, remplaçant son mari, ce qui exigeait de sa part initiative et décision. Quelquefois même, nous l'avons dit, elle était elle-même le vrai seigneur, quand un fief était tombé par héritage entre ses mains. Beaucoup de ces nobles dames firent preuve d'un caractère viril. Les conditions de vie d'alors étaient faites d'ailleurs pour tremper les caractères individuels, parce que souvent on ne pouvait compter que sur soi-même.

On a souvent décrit la vie que menaient dans l'intérieur des châteaux les seigneurs et les dames; on a raconté les fêtes qui s'y donnaient. On aimait beaucoup dans ce temps là comme dans tous les temps naïfs et primitifs à entendre raconter des histoires. Les romans du Moyen Age étaient très populaires. Les poètes du nord, les trouvères, ceux du midi, les troubadours, allaient de château en château et récitaient ou chantaient en s'accompagnant sur des instruments les poésies qu'ils avaient composées ; chansons, récits guerriers et chevaleresques. C'est là que se retrouvait la vie intellectuelle. Les dames n'étaient pas sans culture, quoique sur certains points leur instruction fût très élémentaire. On leur enseignait la lecture, l'écriture, un peu de langue française, la musique, la danse, un peu de médecine et de chirurgie pour soigner les blessés. Elles brodaient et faisaient d'autres ouvrages de main, fabriquant par exemple des lacets pour les heaumes des chevaliers. Elles lisaient ou écoutaient des récits d'aventures et de chevalerie ; c'était alors le grand plaisir.

Plusieurs dames furent poètes, telles que Marie de France au XIIIᵉ siècle. A la fin du Moyen Age vécut une femme d'un esprit sérieux, très instruite : Christine de Pisan, à la Cour de Charles V. On dit que c'est la première femme qui ait vécu de sa plume. S'étant trouvée veuve, elle se mit à écrire, et du produit de ses ouvrages pourvut à l'entretien et à l'éducation de ses enfants.

Ce qu'on lisait avec le plus de passion au moyen âge, c'étaient les romans de chevalerie. Les plus anciens récits féodaux sont purement militaires, comme la *Chanson de Roland.*

Là il n'y a aucune place pour la galanterie. Roland a une fiancée, il n'en est jamais question ; quand il meurt il ne pense pas à elle, ses dernières paroles sont pour Charlemagne, son suzerain, pour la France sa patrie ; mais pour la fiancée, il n'y a rien. Elle ne paraît qu'à la fin du poème et l'épisode est très poétique bien que très court : cette fiancée à qui son fiancé n'a même pas pensé au moment de mourir tombe morte en apprenant sa mort.

Quel est le caractère de ces poèmes primitifs ? Ce sont avant tout des poèmes guerriers ; ce qu'on chante, c'est la gloire militaire, c'est l'honneur, la loyauté, la vaillance, la fidélité ; c'est là ce qu'on aime avant tout. Dans la suite le roman prit un caractère plus propre à charmer les dames ; on commença à raconter des histoires de galanterie, d'amour et d'aventures.

Le costume des dames au Moyen Age a beaucoup varié ; cependant en général elles portent une robe très longue, traînante même, sur laquelle se pose une seconde robe ou tunique moins longue. Quelquefois on met encore par dessus une sorte de gilet ajusté. A certaines époques on voit la robe de dessus fendue, relevée de côté, pour laisser voir la richesse de la robe de dessous. Le luxe s'étalait dans les ceintures, les chaperons, les aumônières, ornés très magnifiquement de broderies, d'or, et de perles. Un grand luxe de la toilette était aussi la fourrure précieuse : l'hermine en particulier, qui était la fourrure royale.

La femme, alors comme aujourd'hui, ne se contentait pas de s'habiller bien, mais elle avait toutes sortes de procédés pour faire aller sa toilette comme elle le désirait. On ne craignait pas de se faire souffrir pour être plus belle. On se serrait au point que l'étoffe en craquait. On laissait traîner, pour plus d'élégance, la robe qui ramassait alors toute la boue. Le chevalier de la Tour Landry (fin du XIVᵉ siècle) dans les *Instructions* qu'il donne à ses filles, condamne avec véhémence ces robes traînantes et les hautes coiffures extravagantes du temps. A la fin du XVᵉ siècle, Anne de Beaujeu, dans ses *Enseignements* à sa fille Suzanne de Bourbon, critique les vêtements trop longs et trop étroits et les robes ouvertes. Car on ne se contentait pas alors d'ouvrir la première jupe pour laisser voir la seconde, mais on fendait en quelques endroits le corsage pour laisser voir ce qui était dessous. Depuis le XIVᵉ siècle, on portait du linge de corps. Quand on avait sur soi une chemise de lin fine et jolie, pouvait-on laisser ignorer aux gens que sous la robe si belle, la chemise ne valait pas moins ? On faisait des fentes par où on pouvait voir la qualité de la chemise ; on fendait aussi les manches. Anne de Beaujeu, après avoir critiqué ces détails, ajoute : « Ma fille, ne soyez pas aussi de celles qui pour sembler plus gentes et menues se vêtent en hiver si légèrement qu'elles en gèlent de froid et en sont souvent jaunes et décolorées, ou qui pour être trop serrées, engendrent plusieurs grièves maladies. »

Anne de Beaujeu pourrait aujourd'hui rééditer ses critiques; il y a eu récemment un hiver où on s'était mis à porter des manches courtes; les dames avaient les bras tout gelés. Même les paletots de fourrure avaient des manches courtes, et on les portait tout ouverts, laissant voir des chemisettes bien légères ! Et n'y a-t-il pas actuellement des femmes qui se serrent tellement qu'elles se donnent des maladies intérieures ? Rien de nouveau sous le soleil !

Un trait de l'histoire féodale, c'est la chevalerie, institution importante qui nous intéresse beaucoup au point de vue des femmes et des hommages qu'on leur rend. Au commencement, cette institution est toute militaire; ses origines sont très probablement germaniques. C'était l'usage chez les Germains de faire solennellement au jeune homme arrivé à l'âge de faire la guerre la remise des armes. Jusqu'au milieu du XIIe siècle, la cérémonie de l'*adoubement* était très simple. Le baron qui armait le nouveau chevalier lui donnait un coup de plat d'épée et lui disait : « *Sois preux* », c'est-à-dire *vaillant*. Plus tard les cérémonies devinrent beaucoup plus compliquées; il y eut la veillée des armes : le jeune homme, la veille du jour où il devait être armé chevalier, passait la nuit en prières; il y eut le jeûne, le bain, les vêtements symboliques. Ce cérémonial, qui est du XVe siècle, est celui qu'ont décrit le plus souvent les historiens de la chevalerie.

Le caractère de la chevalerie a changé comme le cérémonial, et peu à peu se développa ce qu'on a appelé « l'esprit chevaleresque », c'est-à-dire la délicatesse dans toutes les questions d'honneur, la galanterie, le respect des dames. Il n'y eut plus de vrai chevalier sans amour. Tout chevalier devait se choisir une dame et faire tout pour elle, jusqu'aux choses les plus extravagantes. Les romans de chevalerie de l'époque sont remplis de ces exagérations. A côté des héros valeureux, pourfendeurs de géants, on voit paraître aussi les héros plaintifs, débitant mille folies, languissant et mourant d'amour. C'est de ces romans-là que Cervantès s'est moqué. Tout n'a pourtant pas été ridicule dans cette exaltation de l'amour et ce culte de la femme. Comment ne pas rappeler ici cette histoire du chevalier Geoffroy Rudel qui, sans avoir jamais vu la comtesse de Tripoli, s'éprend d'elle, part pour aller la trouver et expire en la voyant ? Cette aventure fait le sujet d'une très jolie et poétique pièce de Rostand, la *Princesse lointaine*.

S'il y a eu dans le développement postérieur de la chevalerie, une certaine part d'extravagance, (et il y en a eu), il ne faut pas oublier la grandeur, la noblesse primitive de l'institution. Alors apparut cette belle idée que la force doit se mettre au service de la faiblesse ; et il y a quelque chose de touchant à voir ce baron qui pourrait être si violent et si rude, se faire le serviteur d'une femme qui ne le soumet que par sa beauté, et qui peut lui commander tout ce qu'elle voudra. Ainsi prit naissance la galanterie, qui devint le caractère particulier de la société française, et qui fleurira, plus raffinée, à l'époque de Louis XIII et de Louis XIV. Aujourd'hui encore le mot *chevaleresque* est resté dans la langue française comme une des épithètes qui expriment les sentiments les plus délicats. Beaucoup de choses sont contenues dans ce mot : il y a d'abord la vaillance, mais il y a encore la générosité, la courtoisie même envers l'ennemi, la politesse, les égards, et le dévouement aux femmes.

Il y aurait, pendant ces siècles féodaux, plus d'un personnage féminin digne de nous arrêter, plus d'une souveraine ; par exemple Blanche de Castille, mère de saint Louis, célèbre par sa régence et par l'éducation qu'elle donna à son fils. Mais ici encore il ne nous est pas possible de tout citer. Je choisirai donc au XVᵉ siècle, à la fin du moyen âge, à la veille de la Renaissance, la plus glorieuse figure de femme qui ait paru dans aucune histoire. Ce n'est pas une reine, ce n'est pas même une grande dame, c'est une paysanne née dans un simple village, c'est notre Jeanne d'Arc.

JEANNE D'ARC

Mesdames,

Si nous choisissons la figure de Jeanne d'Arc pour représenter le Moyen Age, c'est à condition de remarquer que le symbole ici dépasse de beaucoup ce qu'il symbolise. Cette histoire de Jeanne d'Arc en effet a un caractère exceptionnel : elle est miraculeuse, elle a quelque chose d'incroyable, si bien que sans doute les critiques historiques l'auraient regardée comme en grande partie légendaire, si on n'avait pas de documents. Mais c'est, heureusement, une des histoires sur lesquelles nous avons les documents les plus précis. Comment cela ? Tout simplement parce que Jeanne d'Arc a été accusée, qu'il y a eu un procès, que ce procès a été mené légalement, suivant les formes des procès d'inquisition, qu'il y a eu des interrogatoires, des témoignages, et que toutes ces choses ont été écrites, puis copiées à plusieurs exemplaires, puis revêtues de signatures qui les authentiquent. Ensuite il y a eu un second procès, le procès de réhabilitation de Jeanne d'Arc. Quand Charles VII fut en possession du trône, il ne voulut pas que cette tache d'une condamnation pour hérésie restât sur celle qui l'avait délivré et qu'il avait d'ailleurs si mal défendue ; et on fit la revision du procès ; d'où nouveaux interrogatoires, nouveaux témoignages, nombreux, car on fit comparaître tous ceux qui avaient pu dans l'armée connaître Jeanne, puis les bourgeois de Rouen, les bourgeois d'Orléans, les gens du pays de Jeanne, les jeunes filles ses amies. Tous ces interrogatoires, tous ces témoignages, furent écrits, signés, authentiqués, de telle sorte que nous avons entre les mains deux enquêtes très minutieuses, très précises, conduites dans deux sens différents, la première par les ennemis de Jeanne d'Arc, la seconde par ses amis. Nous sommes donc en possession de témoignages irréfutables et même il n'y a pas de question de la même époque sur laquelle nous soyons aussi bien documentés. Ce qui est aussi très précieux pour nous, c'est que le premier procès a comporté des interrogatoires répétés de l'héroïne elle-même ; elle répondait en français, et ses réponses textuelles ont été écrites. C'est ainsi que nous pouvons entendre Jeanne d'Arc elle-même.

Cette histoire si vraie paraît, au premier abord, miraculeuse. La France était alors dans une situation telle qu'on n'en a pas vu souvent de si désespérée. Le roi de France est mort fou, il a laissé un fils, mais ce fils ne possède plus qu'une toute petite partie de son royaume. La mère de ce nouveau roi a livré la couronne de France au roi d'Angleterre. La France est donc trahie par ceux même qui devaient la défendre. De tous côtés, c'est le pillage, l'insécurité, la misère. Le règne précédent avait été, lui aussi, fertile en malheurs. Alors Jeanne d'Arc parut. Et ce que les capitaines les plus expérimentés ne croyaient pas pouvoir faire, elle, une simple jeune fille ignorante,

une paysanne, elle le fit. On reste véritablement con-
fondu en présence de cette histoire qui ne s'est pro-
duite qu'une seule fois.

Les historiens aiment bien donner à toutes choses
des explications rationnelles. De nos jours, on n'admet plus, dans les histoires purement humaines, les
faits miraculeux ; on essaie de les expliquer. Voici
donc ce qu'on a dit à propos de Jeanne d'Arc.

D'abord Jeanne d'Arc n'est pas la seule femme au
Moyen Age qu'on ait vu combattre parmi les soldats ; dans les sièges de villes, souvent les femmes
s'armaient et allaient aider les combattants ; on cite
l'exemple de Jeanne Hachette au siège de Beauvais.
Mais il faudrait ajouter que si ces femmes ont été
très héroïques, aucune d'elles n'a commandé comme
chef de guerre.

On a dit encore, et ceci d'ailleurs est vrai, qu'il y
avait en France comme une espèce de légende mystique qui revêtait la royauté française, aux yeux du
peuple, d'un caractère sacré. Il y avait l'histoire de
la conversion de Clovis, la légende de Charlemagne,
l'histoire de saint Louis. Il semblait aux gens de cette
époque que le sacre dans la cathédrale de Reims
conférait au roi un caractère religieux ; on croyait
même qu'à partir de ce moment il faisait des miracles,
en particulier qu'il guérissait les écrouelles. A cette
vénération mystique de la royauté s'ajoutaient d'ailleurs des considérations d'ordre plus pratique : c'est
que sur le territoire royal les guerres privées étaient
interdites, et que par conséquent le sort des pauvres
paysans y était beaucoup plus heureux ; d'autre part
les tribunaux royaux prononçaient des condamna-
tions contre les plus hauts seigneurs qui molestaient
trop les pauvres gens. Toutes ces raisons expliquent
la popularité dont jouissait la royauté française et
comment à cette popularité se joignait une espèce
d'idée religieuse. Jeanne vécut dans un temps où elle

put recevoir autour d'elle des impressions de cette espèce.

On a fait en troisième lieu remarquer ceci : c'est que Domrémy, le petit village de Jeanne, aux confins de la Lorraine, se trouvait dans une situation toute particulière. Tout près, à Vaucouleurs, se croisaient deux routes fréquentées, la route allant de Champagne en Lorraine et la route de la vallée de la Meuse. Il y avait, dit Michelet, depuis très longtemps, « guerre de l'est à l'ouest, entre le Roi et le Duc de Lorraine, et du Nord au Sud, entre les Armagnacs et les Bourguignons ». Ainsi ce petit endroit était comme une sorte de point sensible où retentissaient avec une force particulière tous les événements des luttes d'alors. Les Anglais avaient envahi le duché de Bourgogne ; le petit pays de Jeanne était près de ces envahisseurs. De temps en temps on voyait passer des fugitifs à qui on donnait l'hospitalité. Les parents de Jeanne furent même forcés de quitter leur maison, et lorsqu'ils revinrent, ils trouvèrent le pays saccagé. Ainsi la guerre qui mettait en péril les destinées de la France était pour les gens de ce petit pays une affaire personnelle ; leurs intérêts les plus proches y étaient engagés.

Toutes ces remarques sont très justes, et même il est certain que pour comprendre la mission de Jeanne d'Arc et la réussite de cette mission, il faut se rendre compte des circonstances et des conditions dans lesquelles elle a agi. Il y a d'ailleurs une chose sûre c'est que cette mission n'aurait pas réussi si elle n'avait rencontré autour d'elle la foi. Il faut donc expliquer comment cette foi fut alors naturelle, en ajoutant qu'à cette époque l'opinion publique, non seulement l'opinion populaire, mais même celle des classes cultivées, ne répugnait nullement au miracle. Si, dans les mêmes circonstances, Jeanne d'Arc réapparaissait aujourd'hui, je me demande si elle pourrait réussir et je crains que non ; il y a aujourd'hui un rationalisme qui fait qu'on ne peut plus croire au merveilleux ; or, comme on dit, c'est la foi qui transporte les montagnes : si vous croyez à l'impossible vous le réaliserez, et ce n'est plus l'impossible ; mais peut-être bien que de nos jours *ce serait* l'impossible, car personne n'y croirait. Au temps de Jeanne d'Arc, il n'en était pas ainsi ; non seulement on ne répugnait nullement à l'idée d'un miracle, mais on l'appelait, on l'attendait. Il y avait une prophétie de l'enchanteur Merlin qui disait que le royaume de France devait être sauvé par une femme. Dans le petit pays de Jeanne d'Arc, on appliquait cette prophétie au paysage local : on disait que cette libératrice viendrait du *bois chenu* ; il y avait là en effet un bois de chênes, qu'on apercevait de la maison de Jeanne d'Arc.

Mais tout cela dit, et après avoir remarqué que ces considérations historiques sont parfaitement justes, il n'en reste pas moins dans le cas de Jeanne d'Arc quelque chose d'absolument irréductible et inexplicable : cette apparition soudaine, ce fait merveilleux d'une jeune fille de dix-sept ans qui se révèle d'emblée chef de guerre. Il y a là quelque chose qui nous confond. Lorsqu'on essaie d'expliquer Jeanne d'Arc par son temps, son milieu, ses origines, c'est exactement comme lorsqu'on tente d'expliquer de la même façon le génie, par exemple, d'un Pascal ou d'un Beethoven. D'où vient alors que dans le milieu religieux et scientifique où vivait Pascal, il n'y a eu qu'un Pascal ? D'où vient que dans le milieu musical où vivait Beethoven, il n'y eu qu'un Beethoven ? Pourquoi est-ce que ses parents, sa famille, n'ont pas composé les *Symphonies*, eux aussi ? Il y a là quelque chose de merveilleux, au moins si on appelle merveilleuses les choses pour lesquelles la raison humaine ne peut pas trouver d'explication. Nous ne pouvons pas expliquer l'apparition des grands génies parce qu'il nous dépassent; tout au plus pouvons-nous supposer qu'il y a au fond de l'humanité, dans son développement à travers les siècles, un esprit profond qui sommeille et qui quelquefois, sous l'influence de circonstances pour nous mystérieuses, tout à coup éclate en fleurs divines. Parmi ces fleurs Jeanne d'Arc est certainement une des plus belles.

Elle est toute simple, pure, ignorante, elle ne sait rien ; elle n'a pas appris dans l'histoire la politique et la guerre. On s'est émerveillé de voir à l'âge de vingt-deux ans Condé gagner la bataille de Rocroi, ou Alexandre à vingt ans commencer la conquête de la Perse, mais combien il fut plus extraordinaire de voir Jeanne d'Arc à dix-sept ans conduire une campagne militaire merveilleuse, délivrer la ville d'Orléans, reconquérir toutes les villes de la Brie et de la Champagne, conduire Charles VII à Reims et le faire couronner roi !

On peut dire que Jeanne d'Arc traverse notre histoire comme un mystère ; elle sort d'une époque triste sanglante, misérable, dans laquelle il n'y a guère de poésie, pas beaucoup de grands élans ; elle apparaît, elle jaillit. Suivons donc cette destinée depuis son origine.

Jeanne naquit à Domrémy le 6 janvier 1412. Ses parents étaient de simples paysans, mais non pas tout à fait misérables ; ils jouissaient d'une certaine considération dans le village et faisaient beaucoup de bien aux pauvres. Ils avaient cinq enfants. Pourquoi n'est-ce pas un des fils, car ils en avaient trois, pourquoi est-ce une fille qui eut cet extraordinaire destin ? A cette question pas de réponse. — Jeanne était très pieuse ; elle allait souvent à l'église ; elle aimait la solitude. Elle était, dit-on, bonne pour tout le monde, et même les oiseaux venaient manger dans sa main. Elle aimait le son des cloches ; on raconte qu'elle donnait quelque chose au sonneur pour qu'il n'oubliât pas de sonner l'*Angelus* afin qu'étant dans les champs elle pût entendre cet appel à la prière.

Son enfance ne paraît avoir eu rien d'extraordinaire. Tous ceux qui ont raconté comment elle vivait disent qu'elle ressemblait aux autres ; elle s'occupait du ménage, cousait, filait ; pendant longtemps sa vie s'est ainsi développée, toute simple aux yeux des gens du pays, tandis que dans son âme se faisait tout un travail étrange et profond où il nous est difficile de pénétrer ; ce sont là de ces mystères intérieurs connus seulement de ceux qui les ont expérimentés.

C'est à l'âge de treize ans que Jeanne d'Arc eût ses premières visions. Elle raconte qu'elle vit tout à coup une grande lumière, puis un personnage dans lequel elle reconnut un ange ; et ce personnage lui dit : « Jeanne, tu es destinée à une œuvre autre que celle que tu fais ici, tu délivreras le royaume de France ». Elle répondit à l'apparition : « Messire, je ne suis qu'une pauvre fille ; je ne peux pas chevaucher ni conduire des hommes d'armes » ; car ce qu'il y a de remarquable dans ce caractère, c'est que Jeanne était extrêmement timide ; les témoins nous disent qu'elle rougissait à tout propos. Elle est épouvantée à l'idée de partir avec les hommes de guerre. Elle résiste d'abord. Pendant longtemps, elle ne parla à personne de ces apparitions, qui se multiplièrent : elle voyait saint Michel, sainte Catherine et sainte Marguerite, les saints honorés dans le pays. Elle se décida enfin à en dire quelque chose à son père. Mais celui-ci déclara qu'il aimerait mieux voir sa fille morte que de la voir partir avec des hommes d'armes.

Cependant les nouvelles de France devenant de plus en plus tristes, la ville d'Orléans assiégée étant sur le point de tomber aux mains des Anglais, elle se décide. C'était pour elle une chose terrible de partir contre la volonté de ses parents. Il lui semblait cependant que, puisque le ciel lui parlait, elle devait obéir.

On lui demanda lors de son procès : « Ne pensez-vous pas que c'était chose mauvaise de partir contre la volonté de vos parents ? » Elle répondit : « Dieu me l'ordonnait. Quand j'aurais eu cent pères et cent mères, je serais partie tout de même. » Elle écrivit à ses parents, une fois partie, pour leur demander pardon. Quand ils virent la merveilleuse fortune qui l'accompagnait, ils lui pardonnèrent.

Elle se fit d'abord conduire à un capitaine de la ville voisine, lequel commença par la prendre pour folle et dit qu'il fallait la renvoyer à ses parents bien châtiée. Une seconde fois, elle revint, et comme la situation de la France était désespérée, il semble qu'à ce moment on pensa parmi les hommes d'armes et même du côté du roi qu'après tout on pouvait essayer ce moyen ; s'il réussissait, tant mieux. On consentit donc à la protéger ; on lui donna une petite escorte de six hommes ; c'est ainsi qu'elle partit pour traverser toute la France, depuis cette marche de Lorraine et de Champagne jusqu'à Chinon, aux environs de Tours. C'était un très long chemin, au milieu d'un pays infesté de bandes de toute espèce.

Elle arriva enfin devant le roi. On essaya de lui donner le change ; on la fit entrer dans une salle où se trouvait le roi avec tous les seigneurs, ne se distinguant d'eux en aucune manière ; malgré cela elle alla droit à lui en l'appelant « dauphin » (Elle lui donna ce nom tant qu'il ne fut pas sacré). « Gentil Dauphin, je m'appelle Jeanne, et je viens de par Dieu vous annoncer que votre Royaume vous sera rendu. »

L'entourage du Roi n'avait pas une foi bien sincère dans cette mission miraculeuse : il semble même que Jeanne ait eu autour d'elle des gens qui ne croyaient guère en elle ; ils avaient la préoccupation de leurs propres intérêts et ils l'ont quelquefois beaucoup gênée ; mais comme on ne savait à quel saint se vouer alors, on pensa qu'après tout, on pouvait se servir de ce secours ; car le peuple y croyait, lui, le peuple qui était plongé dans la misère et attendait le secours du ciel ; le voilà, le secours du ciel !

On donna à Jeanne une escorte et un équipement. Elle portait une armure blanche, une petite hache, et l'épée de sainte Catherine qu'on déterra près de l'église de Fierbois. Elle tenait à la main un étendard blanc fleurdelisé.

Enfin elle entra dans Orléans avec sa troupe. Un témoin nous raconte combien cette entrée fut un spectacle merveilleux et comment les gens accouraient au-devant d'elle, la prenant pour un envoyée du ciel, baisant ses pieds, ses vêtements, son cheval, quand ils ne pouvaient attraper autre chose. Alors la situation d'Orléans change, tout le monde ayant foi en la délivrance. On sait quelle est l'importance de l'élément moral dans la guerre. Ce n'est pas tout que d'avoir des forces matérielles, il faut avoir la confiance ; très souvent la victoire appartient à ceux qui sont convaincus qu'ils seront victorieux. A partir de ce moment, les Français ont cette conviction ; ils pensent que c'est Dieu lui-même qui combat par l'intermédiaire de la Pucelle ; elle ne parle jamais en son propre nom, elle dit toujours « de par Dieu ; c'est Dieu qui m'envoie ; ce sont les anges, ce sont les saintes qui me disent ce que j'ai à faire ; moi je ne sais rien ». Les Français maintenant sont remplis d'une force surnaturelle. C'est ainsi qu'on explique comment au bout de huit jours le siège était levé. Car les Anglais de leur côté étaient terrifiés. Dans ce temps là on croyait à la sorcellerie. Les Français pensait que Jeanne était l'envoyée de Dieu puisqu'elle leur apportait la victoire, les Anglais qu'elle était l'envoyée du diable puisqu'elle venait contre eux. Ils la regardaient comme une sorcière et comme ils avaient peur de cette sorcellerie, il y eut du découragement dans leurs rangs, et ils finirent par lever le siège.

Dans ces premières opérations de guerre, il y a plusieurs choses à remarquer.

D'abord, cette foi absolue inspirée par Jeanne à ses troupes. C'est, à la guerre, une chose capitale. Napoléon, par exemple, est extraordinaire pour la confiance presque superstitieuse qu'il inspirait aux soldats, et qui fut certainement pour beaucoup dans sa puissance et dans ses victoires. Cette influence, Jeanne l'a exercée aussi, mais sous une forme religieuse, mystique. Les soldats commencèrent à s'amender et à se repentir dès qu'elle fut dans l'armée; on assiste aux offices religieux, on communie; les soldats ne jurent plus. On raconte que La Hire, célèbre par ses jurements, y avait renoncé aussi, mais cela lui coûtait tellement que la Pucelle lui permit de jurer par son bâton. Il se soulageait ainsi.

A côté de cette confiance mystique que Jeanne inspirait à son armée, voici une autre chose peut-être plus étonnante encore : c'est que Jeanne a eu certainement les véritables qualités d'un capitaine. La façon dont elle conduisit les opérations militaires est remarquable. Les contemporains le disaient déjà. Voici les paroles d'un témoin qui l'avait vue : « Tous s'étonnèrent que si hautement et sagement se comportât en fait de guerre, comme si c'eût été un capitaine qui eût guerroyé vingt ou trente ans, *et surtout en l'ordonnance de l'artillerie* (1). » Jeanne d'Arc en effet paraît avoir eu un sens spécial de l'emploi de l'artillerie, chose étonnante chez une jeune fille qui n'avait jamais étudié la guerre.

Alain Chartier écrit : « Elle conduit l'armée, choisit la position, forme les lignes de bataille, et combat en brave soldat après avoir ordonné en habile capitaine. »

Ce ne sont pas seulement les contemporains de

_____

(1) Déposition du sire de Termes.

Jeanne d'Arc qui ont remarqué cette singulière apti-
tude, mais même des écrivains militaires modernes
qui ont étudié à ce point de vue spécial l'histoire des
campagnes de Jeanne d'Arc et qui avouent qu'il y a là
un véritable génie de la guerre. C'est par une espèce
d'illumination que Jeanne d'Arc porte l'action sur les
points importants. Quels étaient ces points à cette
époque ? C'étaient des points *moraux* pour ainsi dire.
D'abord elle fait lever le siège d'Orléans parce que
c'était là que la monarchie française était menacée ;
puis elle veut aller tout de suite, par une intuition
de génie, à Reims ; elle y serait même allée plus vite
si ceux qui l'entouraient ne l'en avaient pas empê-
chée ; elle était obligée de leur céder. On conquiert
donc les villes de la Loire, on entre dans Troyes, et
enfin on arrive à Reims. C'est là qu'on sacrait les
Rois de France ; c'est là qu'avait eu lieu le baptème
de Clovis, là que se trouvait l'ampoule miraculeuse
dont on tirait l'huile du sacre. Tant que Charles VII
n'était pas sacré, il n'était pas roi. Le petit roi anglais
était dit roi de France, mais à partir du moment où
Charles VII sera sacré, il n'y aura plus de comparai-
son entre le petit roi anglais qui est dans la capitale
de la France, mais n'a pas reçu le sacre, et le roi
français qui aura reçu la marque divine. On entre
dans Reims. Un grand flot de population se porte au-
devant de la Pucelle. Charles VII est sacré solennellement à la cathédrale et Jeanne est présente avec son
étendard tout auprès de l'autel.

Charles VII étant sacré, il y avait encore un lieu de
signification mystique auquel se rattachait l'idée de la
royauté française : c'était Saint-Denis, la vieille abbaye
où les rois de France, en temps de guerre, allaient
chercher l'*oriflamme*, l'étendard royal. Jeanne d'Arc,
le sacre accompli, a l'idée de marcher tout de suite
sur Saint-Denis ; mais là encore elle est retenue par
son entourage : par les chefs militaires qui avaient

peut-être d'autres idées stratégiques, mais surtout par des personnages qui étaient jaloux d'elle et qui songeaient avant tout à leurs intérêts particuliers.

Enfin il y a une autre remarque à faire sur Jeanne d'Arc guerrière : elle avait horreur du sang versé ; elle pleurait quand elle voyait de pauvres malheureux « morts sans confession ». Elle ne tua jamais personne elle-même. Elle disait que, quoiqu'elle aimât son épée, elle aimait « quarante fois plus » son étendard.

Ses victoires miraculeuses ne la changèrent pas ; elle resta aussi simple, aussi naïve, pitoyable aux pauvres gens, ne s'attribuant aucune gloire, rapportant tout à Dieu.

D'après les témoignages du temps, elle était grande, bien faite, brune. « Et semble chose toute divine de son fait, et de la voir, et de l'ouïr », écrivait un témoin.

L'effet du sacre de Reims fut bientôt de faire ouvrir au roi toutes les villes de la Champagne et de la Brie. Jeanne, ne pouvant entraîner le roi à Saint-Denis, s'y porta elle-même ; mais elle semble, à partir de cette époque, abandonnée par la fortune. Elle tente une attaque sur Paris à la porte Saint-Honoré, à l'emplacement actuel de la place des Pyramides où s'élève aujourd'hui sa statue. Cette attaque échoue. Dorénavant Jeanne a moins confiance en elle-même ; elle entend moins souvent ses voix. La fin approche. L'épopée merveilleuse aura duré un an, du mois de mai 1429 au mois de mai 1430, où Jeanne, qui était allée secourir Compiègne assiégée, est faite prisonnière en combattant dans une sortie. Une autre année, de mai 1430 à mai 1431, sera occupée par la captivité et par le procès. Jeanne fut vendue aux Bourguignons ; ceux-ci la vendirent aux Anglais, qui voulaient se débarrasser de la sorcière.

Il s'agissait de trouver une forme de procès qui

permit de condamner Jeanne à coup sûr. Il n'y avait
pas de procès plus terribles que les procès de sorcel-
lérie et d'hérésie. On remettait les malheureux entre
les mains des tribunaux d'inquisition, et, dès qu'ils
étaient convaincus du crime, ils étaient condamnés
par l'Église, remis entre les mains de la justice, et
leur supplice était d'être brûlés vifs. Tel fut le procès
de Jeanne d'Arc. On tenta d'abord une accusation de
magie. Comme on ne trouvait pas grand chose, on
transforma le procès en procès d'hérésie.

Le procès commença à Rouen le 21 février 1431.
Jeanne comparut devant un tribunal ecclésiastique
composé en partie de docteurs de l'Université de
Paris et présidé par l'évêque de Beauvais, Cauchon.
Winchester joua aussi un rôle actif. Les interrogatoires réitérés, publics et secrets, durèrent très longtemps. Rien de plus tragique que de voir cette simple
jeune fille de dix-neuf ans aux prises avec tous ces
théologiens. Et rien de plus admirable aussi que de
la voir déjouer leurs questions captieuses par la simplicité de ses réponses.

Mais il y avait un point sur lequel on pouvait la
prendre : elle se disait envoyée par Dieu ; on lui
demande si elle veut bien s'en remettre au jugement
de l'Église ; elle se trouve prise entre deux feux ; d'une
part elle ne veut pas dire qu'elle récuse le jugement
de l'Église, car elle est chrétienne ; elle demande
la confession et la communion, et elle n'est jamais
plus malheureuse que lorsqu'on lui refuse d'assister
au sacrifice de la messe ; mais elle est convaincue
qu'elle a été envoyée de Dieu, que les anges et les
saints lui ont parlé ; faut-il soumettre au jugement de
l'Église des choses comme celles-là ? Non : « Je me
soumets au jugement de l'Église, excepté pour ce que
Dieu m'a commandé. » Car il n'y a pas autorité au
monde qui puisse prévaloir contre l'ordre divin qu'elle
croit avoir reçu directement.

Elles sont célèbres, ces réponses de Jeanne d'Arc. Michelet en a fait ressortir la grandeur et la simplicité sublime. « Êtes-vous en état de grâce? » (c'est-à-dire pure de tout péché). Quoi qu'elle réponde, on espère la prendre : Si elle dit non, si elle n'est pas en état de grâce, elle n'est pas envoyée de Dieu; si elle dit oui, on dira qu'elle est orgueilleuse, car aucun chrétien n'a droit de se dire sans péché. Elle répond simplement : « Si je n'y suis, que Dieu m'y mette, et si j'y suis, Dieu veuille m'y maintenir! » On lui demande encore : « Avez-vous dit que les étendards faits à la ressemblance du vôtre portaient chance? — Non; je disais seulement : « Entrez hardiment parmi les Anglais; et j'y entrais moi-même. » Il y a de la simplicité dans ces réponses, et parfois aussi de l'esprit ; on dirait qu'elle se moque, mais naïvement, sans y penser, des singulières questions qu'on lui pose. On lui demande si saint Michel en lui apparaissant était nu. Elle répond vivement : « Pensez-vous que Notre-Seigneur n'ait pas de quoi le vêtir ? »

C'est ainsi qu'elle avait répondu autrefois aux docteurs de Poitiers que Charles VII avait chargés de l'examiner au début de sa mission. Un théologien limousin qui avait un fort mauvais accent, lui avait demandé, entre autres choses : « Quelle langue parlaient ces voix célestes que vous avez entendues? » et Jeanne de répondre : « Meilleure que la vôtre ». Ce sont là des choses qui font plaisir. Elle les dit tout naturellement, elle a de l'esprit, de la gaieté, et on a fait ressortir qu'à ce point de vue, c'était bien une héroïne française.

Telle elle parut devant les juges de Rouen. « Elle était bien subtile ! » dit un témoin. On lui demande : « Dieu hait-il les Anglais ? » Si elle avait répondu oui, on aurait dit : « Voilà qui est hérétique ; Dieu ne peut haïr aucun peuple. » Elle répond tout simplement : « De l'amour ou de la haine que Dieu a pour les

Anglais, je n'en sais rien, mais je sais qu'ils seront tous chassés de France, hormis ceux qui y mourront. » — « Pourquoi votre étendard fut-il porté à l'église de Reims, au sacre, plutôt que ceux des autres capitaines ? — Il avait été à la peine, c'était bien raison qu'il fût à l'honneur. » Sur beaucoup de questions, elle répondit simplement : « Je n'en sais rien : je m'en rapporte à Notre-Seigneur. »

Mais, dit Michelet, les juges avaient trouvé le vrai terrain pour l'accusation. « De faire passer pour sorcière, pour suppôt du diable, cette chaste et sainte fille, il n'y avait pas apparence, il fallait y renoncer ; mais dans cette sainteté même, comme dans celle de tous les mystiques, il y avait un côté attaquable : la voix secrète égalée ou préférée aux enseignements de l'Église, aux prescriptions de l'autorité ; l'inspiration, mais libre, la révélation, mais personnelle, la soumission à Dieu ; quel Dieu ? le Dieu intérieur. »

Ce qui perdit Jeanne d'Arc, ce fut cette parole qu'elle répéta sous plusieurs formes : « Quant aux bonnes œuvres que j'ai faites, je m'en rapporte au Roi du ciel qui m'a envoyée. »

On lui arracha pourtant par force un jour une sorte d'abjuration. On lui avait fait si peur de l'idée d'être séparée de l'Église, que, menacée du feu, elle signa une déclaration à laquelle elle ne pouvait avoir compris grand chose. Alors on prononça la sentence *de grâce* : « Jeanne, nous vous condamnons par grâce et modération à passer le reste de vos jours en prison, au pain de douleur et à l'eau d'angoisse, pour y pleurer vos péchés. »

Mais elle revint bientôt sur cette abjuration ; ses saintes lui étaient apparues et lui avaient dit « que c'était grand'pitié d'avoir abjuré pour sauver sa vie ». Elle reprit, par force d'ailleurs, l'habit d'homme qu'on lui avait fait quitter (cet habit était un des grands griefs qu'on faisait valoir contre elle). Dès lors elle était perdue. Elle fut condamnée à être brûlée vive.

Quand on lui dit de quelle mort elle allait mourir, elle se mit à pleurer. Elle n'avait pas la vertu stoïcienne ; elle avait le cœur tendre et doux ; quand elle voyait sur les champs de bataille les morts et les blessés, elle pleurait « Ha ! ha ! s'écria-t-elle, j'aimerais mieux être décapitée sept fois que d'être ainsi brûlée ! » Elle sent qu'elle n'a pas mérité ce supplice horrible ; elle demande à se confesser et à communier ; on le lui accorde ; puis on l'emmène sur une charrette jusqu'au lieu du supplice.

Un bûcher extrêmement haut avait été élevé de manière que tout le monde put la voir et qu'on fût sûr qu'elle avait bien été brûlée. Quelquefois par pitié pour les malheureux condamnés à ce supplice, une fois le bûcher allumé, le bourreau leur donnait le coup de grâce. On ne voulait pas de cela pour Jeanne d'Arc. Les Anglais tenaient beaucoup à savoir avec certitude qu'elle était brûlée, à cause de l'idée qu'ils avaient qu'elle était une sorcière qui les avait perdus par ses maléfices.

Cette mort de Jeanne d'Arc a été racontée par Michelet avec beaucoup d'émotion. Je ne puis mieux faire que de vous lire une partie de ce récit.

« Quand elle se trouva en bas de la place, entre les Anglais qui portaient les mains sur elle, la nature pâlit et la chair se troubla ; elle cria de nouveau : « Oh ! Rouen, tu seras donc ma dernière demeure !... » Elle n'en dit pas plus, elle ne pécha pas par ses lèvres, dans ce moment d'effroi et de trouble...

« Elle n'accusa ni son roi ni ses saintes. Mais parvenue au haut du bûcher, voyant cette grande ville, cette foule immobile et silencieuse, elle ne put s'empêcher de dire : « Ah ! Rouen, Rouen, j'ai grand peur que tu n'aies à souffrir de ma mort ! » Celle qui avait sauvé le peuple et que le peuple abandonnait, n'exprima en

mourant (admirable douceur d'âme !) que de la com-
passion pour lui...

« Elle fut liée sous l'écriteau infâme, mitrée d'une
mitre où on lisait : « hérétique, relapse, apostate, ydolas-
tre... » et alors, le bourreau mit le feu... Elle le vit d'en
haut et poussa un cri... puis, comme le frère qui l'ex-
hortait ne faisait pas attention à la flamme, elle eût peur
pour lui, s'oubliant elle-même, elle le fit descendre...

« ...Cependant, la flamme montait... au moment où
elle la toucha, la malheureuse frémit et demanda de
l'eau bénite ; de l'eau, c'était apparemment le cri de la
frayeur... mais, se relevant aussitôt elle ne nomma
plus que Dieu, que ses anges et ses saintes. Elle leur
rendit témoignage : « Oui, mes voix étaient de Dieu,
mes voix ne m'ont pas trompée !... »

« ...Vingt ans après, les deux religieux, simples
moines, voués à la pauvreté et n'ayant rien à gagner
ni à craindre en ce monde, déposent ce qu'on vient de
lire : « Nous l'entendions, disent-ils, dans le feu, invoquer ses saintes, son archange. Elle répétait le nom
du Sauveur... Enfin, laissant tomber sa tête, elle
poussa un grand cri : « Jésus ! »

« Dix mille hommes pleuraient... quelques Anglais
seuls riaient ou tâchaient de rire. Un d'eux, des plus
furieux, avait juré de mettre un fagot au bûcher ; elle
expirait au moment où il le mit, il se trouva mal ; ses
camarades le menèrent à une taverne pour le faire
boire et reprendre ses esprits ; mais il ne pouvait se
remettre : « J'ai vu, disait-il, hors de lui-même, j'ai
« vu de sa bouche, avec le dernier soupir, s'envoler
« une colombe ». D'autres avaient lu dans les flammes,
le mot qu'elle répétait : « Jésus! » Le bourreau alla le
soir trouver frère Isambart ; il était tout épouvanté ! Il
se confessa, mais il ne pouvait croire que Dieu lui par-
donnât jamais... Un secrétaire du Roi d'Angleterre
disait tout haut en revenant : « Nous sommes perdus,
nous avons brûlé une sainte ! »

Le supplice de Jeanne d'Arc couronne sa vie. Il n'y a pas d'histoires plus pathétiques que celles qui se terminent ainsi par une espèce de *passion* du héros. Sainte-Hélène a achevé et consacré la légende de Napoléon. Si Jeanne d'Arc était morte au lendemain du sacre du roi à Reims, par exemple, elle ne serait pas pour nous cette figure sainte qu'elle est devenue ; non seulement héroïne, mais martyre.

Michelet, en étudiant cette histoire qui l'a passionné, se demande d'où a pu surgir ce miracle fait pour confondre ; et il y voit avant tout un miracle d'amour, un miracle du cœur. Il relève cette parole que Jeanne prononça au cours de son procès : « La pitié qu'il y avait au royaume de France ! » et il ajoute : « Souvenons-nous toujours, Français, que la patrie chez nous est née du cœur d'une femme. »

Mais ce ne fut pas seulement un miracle du cœur ; ce fut un miracle de l'âme ; car Jeanne n'a pas seulement aimé les personnes, elle a aimé une idée : l'idée de la royauté française, l'idée de la France. C'est à cela qu'elle a tout sacrifié ; c'est pour cela qu'elle a renoncé à tout amour humain, à sa vie de famille, à toutes choses sur terre. Cette idée qui s'était formée peu à peu en elle a vécu dans son imagination et dans son cœur et a fini par devenir si puissante qu'elle a envahi toute sa vie (1).

« Née sous les murs de l'église, dit Michelet, bercée au son des cloches et nourrie de légendes, elle fut une légende elle-même, rapide et pure, de la naissance à la mort. »

(1) Sur Jeanne d'Arc, il faut lire, outre les pages admirables de Michelet, les travaux de Quicherat et les ouvrages, d'une pensée si généreuse, de M. Joseph Fabre.

LES FEMMES AU TEMPS DE LA RENAISSANCE

MESDAMES,

Il y a eu en Europe, au XVe et au XVIe siècles, un grand mouvement qui s'est fait sentir dans les lettres, dans les arts et dans la civilisation tout entière, auquel on a donné le nom de *Renaissance*. Ce nom d'ailleurs a été discuté. Pendant longtemps on a cru que tout le Moyen Age avait été une époque de ténèbres et que c'est seulement quand on a pris contact avec l'antiquité grecque et latine que la littérature et les arts ont commencé à sortir de cette barbarie. Il y a quelque temps que les historiens sont revenus sur cette idée. Il suffit de voir les œuvres d'art produites en Europe au cours du Moyen Age, et, pour ne citer qu'une catégorie d'œuvres, il suffit d'étudier les églises, pour reconnaître que, très certainement, le Moyen Age n'était pas une époque barbare. Il y a eu un développement national pour chaque pays, dans la peinture, l'architecture, et aussi la littérature. Seulement il est très vrai que les événements du XVe et du xvie siècle ont donné une orientation spéciale à ce développement. Voilà pourquoi nous pouvons continuer à employer ce mot de Renaissance, tout en précisant ce qu'il signifie.

C'est l'époque de la chute de l'empire d'Orient conquis par les Turcs. On résume généralement cette conquête dans le fait de la chute de Constantinople en 1453, mais tout le monde sait bien que 1453 est une fin, un aboutissement et non un commencement. Depuis longtemps les Turcs avaient commencé à entrer en Europe, ils y occupaient des positions et au moment où ils sont venus assiéger Constantinople, le territoire byzantin était réduit à cette ville; c'était tout ce qui restait de l'empire.

Dans cet Orient de l'Europe s'était conservée l'étude des classiques grecs et latins, grecs surtout puisque le grec était la langue de l'empire. Lors de l'invasion turque et bien plus encore après la chute de Constantinople, les grammairiens, les lettrés, émigrèrent en Occident. Pourquoi? Quand les Turcs sont entrés en Europe, ils n'ont pas fait ce que nous appelons des persécutions religieuses. Ceci est à l'honneur de l'islamisme, tandis que nous sommes obligés de reconnaître que les chrétiens ont persécuté quelquefois; nous savons comment on a traité en Espagne les Juifs et les Musulmans. Il n'y a donc pas eu de persécution religieuse en Turquie, seulement il va sans dire que comme le nouveau royaume était un royaume musulman, tout le pouvoir appartient désormais aux Turcs et aux Musulmans. Dès lors, la situation des chrétiens lettrés devint toute autre. Ce n'est pas d'ailleurs que le conquérant turc manquât lui-même de culture. Mahomet II, si on le regarde à certains points de vue, est évidemment un barbare, mais ce n'était nullement un ignorant. Il parlait plusieurs langues, il fit même venir à Constantinople des artistes occidentaux, par exemple le peintre vénitien Bellini.

Il y a à Venise un portrait de Mahomet II qui témoigne de ces rapports du conquérant avec les artistes d'Italie.

Malgré tout, les lettrés ne trouvaient plus dans le nouvel empire turc ce qu'ils avaient trouvé dans l'Empire grec. Et peu à peu ils quittèrent la Turquie pour venir en Occident. Tout naturellement le pays où ils arrivaient d'abord était l'Italie, et en premier lieu Venise qui n'avait jamais cessé d'avoir des relations avec l'empire byzantin. Voilà comment ce fut en Italie que commença le mouvement de la Renaissance.

Les Italiens eux-mêmes étaient les petits-fils des Romains ; jamais la culture latine n'avait entièrement cessé en Italie. Aussi la Renaissance s'y produisit plus tôt qu'ailleurs. Pétrarque était du XIVe siècle, et déjà il fouillait partout pour trouver des manuscrits latins. Souvent ces manuscrits étaient empilés dans des endroits abandonnés, poudreux, qui excitaient la douleur des savants. Il y eut une véritable chasse aux manuscrits, et plusieurs de ces érudits sont célèbres pour les découvertes heureuses qu'ils ont faites dans les bibliothèques. C'est à ce moment qu'on constitue les collections des classiques grecs et latins. Et comme, au XVe siècle, on a justement inventé l'imprimerie, on a pu tirer ces œuvres à un grand nombre d'exemplaires ; il est devenu plus facile de se procurer des livres et c'est ainsi que la culture ne fut pas seulement réservée à quelques personnes érudites, mais se répandit dans le public, tellement que nous allons voir les femmes y participer et se livrer à l'étude avec autant de passion que les hommes.

On était saisi à cette époque d'un enthousiasme extraordinaire pour l'antiquité. On en arrivait même à des excès ; les auteurs dédaignaient leur propre langue. Beaucoup prenaient plaisir à écrire des poèmes en latin. Il va sans dire que de pareilles œuvres ne pouvaient jamais être que des pastiches. Mais cette exagération même s'explique quand on songe a l'enchantement de ceux qui découvraient les anciens pour la première fois.

Il faut se figurer cette Italie des xv⁰ et xvⁱ⁰ siècles, où chaque ville avait sa vie propre, sa vie politique d'abord. puis sa vie artistique et littéraire. Quand on voyage en Italie, on va faire un pèlerinage à toutes ces villes ; Venise, Milan, Florence, Rome, et d'autres qui aujourd'hui ne sont presque plus rien, mais qu'on va voir cependant parce qu'elles ont encore des monuments de cette belle époque : Pérouse, Sienne.

Ce qui caractérise cette civilisation brillante, c'est le goût des lettres, des arts, mais c'est aussi quelque chose de plus extérieur, c'est le luxe, l'élégance, les habits somptueux, les fêtes. Les chroniqueurs nous racontent ces cérémonies magnifiques se déroulant dans un cadre qui en augmentait encore l'éclat, sous un des plus beaux climats du monde, dans des paysages merveilleux.

A Venise par exemple, les cortéges, les fêtes s'accompagnaient de promenades sur l'eau en gondoles, de sérénades, de réunions dans les palais. Aujourd'hui ces palais sont délabrés ; ils n'en sont d'ailleurs que plus poétiques et plus beaux. Il semble que ces pierres renferment en elles quelque chose du passé. Les constructions nouvelles ne signifient rien ; elles n'ont servi à rien ; aucune pensée ne s'y rattache. Un auteur anglais, Ruskin, a fait un livre sur les pierres de Venise, mais toutes les vieilles pierres ont leur langage.

Il nous faut replacer ces magnificences dans le cadre qu'offraient les villes italiennes. Les costumes sont somptueux, élégants et pourtant simples ; même à ce point de vue, il faut remarquer que les costumes italiens du xv⁰ siécle sont d'un goût beaucoup plus pur que les costumes français à la même époque ;

c'est alors en effet, qu'on portait en France ces
immenses coiffures, très hautes, avec des cornes de
côté, si bien que les chroniqueurs nous disent que les
dames coiffées de ces monuments étaient obligées de
baisser la tête pour passer sous les portes. On avait
aussi à ce moment de longs souliers à la poulaine qui
devaient bien gêner la marche.

En Italie, le costume féminin était beaucoup plus
raisonnable. Il se composait d'une robe qui tombait
toute droite, qui s'ouvrait en carré sur la poitrine, et
dont la coupe était extrêmement simple. Mais on se
rattrapait sur le luxe des ornements ; c'est un débordement de pierreries, de fourrures, de dentelles, or-
nant le décolleté de la robe ; les pierreries brillent sur
le corsage, sur les manches, serpentent dans les
cheveux. Les étoffes sont de soie ou de brocart. Le
luxe devient même si grand qu'on fit paraître plusieurs lois somptuaires comme autrefois à Rome et
tout aussi inutilement.

Lorsque une jeune Italienne de grande famille se
mariait, les cadeaux étaient de véritables cadeaux de
contes de fée. Ils comportaient toujours le coffret de
mariage, le *cassone*, contenant la *guirlande* ou diadème de perles, mêlées de filigrane ou de plumes de
paon, ou incrustées sur des cercles d'or ciselé. (Le
nom du père du célèbre peintre Ghirlandajo vient de
son habileté à fabriquer ces guirlandes). Outre la guirlande, il y avait beaucoup d'autres choses, il y avait
la robe de brocart (en ce temps-là on parle toujours
de ces étoffes toutes d'or, draps d'or, brocarts d'or.)
Il y avait aussi des aumônières, des ceintures brodées
d'or et d'argent, des missels finement enluminés. On
cite telle fiancée qui avait reçu en se mariant vingt-
six bagues ; vingt lui avaient été données par sa
famille et six par son mari. ١

Ces Italiennes célèbres par leur luxe ont été aussi
des savantes ; elles apprenaient le grec, le latin.

Taine, dans sa *Philosophie de l'art en Italie* fait remarquer qu'à cette époque la vie, dans toutes ces villes italiennes, était une véritable vie moderne, tandis qu'en France et en Angleterre c'était encore un peu la rudesse des mœurs féodales. L'Italie était beaucoup plus riche, plus savante, plus polie.

Il est vrai que toute cette civilisation va peu à peu se répandre dans les autres pays. C'est l'expédition de Charles VIII qui a été l'occasion pour les Français d'admirer les merveilles de l'Italie. Ce n'est pas d'ailleurs que la France, avant les guerres d'Italie, fût barbare. Tout dernièrement on a fait à Paris une exposition des œuvres des peintres français de ce temps, qui a révélé à beaucoup de gens tout ce que la France produisait déjà en matière d'art et prouvé qu'elle aurait pu se passer des leçons des Italiens. Personne ne soutient plus que la France était dans la barbarie artistique avant d'avoir pris contact avec l'Italie, mais il n'en est pas moins vrai que ce contact avec l'Italie a hâté chez elle l'éclosion de l'esprit de la Renaissance, c'est-à-dire de cet esprit qui s'inspire avant tout de l'antiquité.

Ce n'est pas seulement la culture que les Français ont rapportée d'Italie, c'est aussi le costume, le luxe, l'élégance.

Au XVI⁰ siècle, les dames italiennes continuent à briller comme au XV⁰ siècle, à être lettrées et savantes ; telle fut la célèbre Olympia Morata, élevée dans une famille de lettrés, puis à la cour très lettrée aussi de la duchesse de Ferrare, Renée de France. A quatorze ans, elle faisait déjà des conférences publiques. Elle eut une réputation universelle.

Mais dans cette Italie du XVI⁰ siècle, il n'y a pas seulement des femmes lettrées, il y a aussi des dames très vaillantes, témoin les célèbres héroïnes du siège de Sienne. Montluc, capitaine gascon, faisant la guerre en Italie, fut chargé de la défense de Sienne ;

il raconte ce que firent alors les dames siennoises ;
elles s'armèrent d'une façon toute féminine d'ailleurs
et sans négliger les questions de toilette ; chacun
avait sa livrée élégante pour elle et sa troupe.

« Au commencement de la belle résolution que ce
peuple fit de défendre sa liberté, toutes les dames de
la ville de Sienne se répartirent en trois bandes : la
première était conduite par la signora Forteguerra,
qui était vêtue de violet et toutes celles qui la suivaient
aussi, ayant son accoutrement en façon d'une nymphe,
court et montrant le brodequin ; la seconde était la
signora Piccolomini, vêtue de satin incarnat et sa
troupe de même livrée ; la troisième était la signora
Livia Fausta, vêtue tout de blanc, comme aussi était
sa suite avec son enseigne blanche. Dans leurs enseignes elles avaient de belles devises : je voudrais
avoir donné beaucoup et m'en ressouvenir. Ces trois
escadrons étaient composés de trois mille dames,
gentils-femmes ou bourgeoises : leurs armes étaient
des pics, des pelles, des hottes et des fascines : et en
cet équipage firent leur montre et allèrent commencer
les fortifications. Monsieur de Termes qui m'en a
souvent fait le compte (car je n'y étais encore arrivé),
m'a assuré n'avoir jamais vu de sa vie chose si belle
que celle-là ; je vis leurs enseignes depuis. Elles
avaient fait un chant à l'honneur de la France lorsqu'elles allaient à leurs fortifications : je voudrais
avoir donné le meilleur cheval que j'aie, et l'avoir
pour le mettre ici.

« Et puisque je suis sur l'honneur de ces femmes,
je veux que ceux qui viendront après nous admirent
et le courage et la vertu d'une jeune Siennoise, laquelle, encore qu'elle soit fille de pauvre lieu, mérite
toutefois d'être mise au rang le plus honorable. J'avais
fait une ordonnance au temps que je fus créé dictateur ;
que nul, à peine d'être bien puni, ne faillit d'aller à
la garde à son tour. Cette jeune fille voyant un frère

à qui il touchait de faire la garde ne pouvoir y aller, prend son morion qu'elle met en tête, ses chausses et un collet de buffle, et, avec sa hallebarde sur le cou, s'en va au corps de garde en cet équipage, passant lorsqu'on lut le rôle sous le nom de son frère; fit la sentinelle à son tour sans être connue, jusques au matin que le jour eut point : elle fut ramenée à la maison avec honneur. »

Ainsi voilà des dames qui se sont montrées vaillantes guerrières, sans que la plupart aient pour cela perdu le souci de l'élégance.

Les caractères de la civilisation italienne d'alors, nous allons les retrouver dans toute l'Europe. Au Moyen Age ce qui avait été le lien de l'Europe, c'était la foi; de temps en temps on voyait les nations chrétiennes s'unir pour les Croisades: Mais au xvi⁰ siècle, ce n'est plus la foi qui fait l'union, c'est la culture grecque et latine. Tout le monde sait le latin, devenu la langue internationale, voilà pourquoi, si nous étudions les différents pays, nous aurons des traits semblables à y relever.

En Angleterre, c'est la cour d'Henri VIII, cour lettrée et brillante dont Érasme fait l'éloge : « La face du monde est retournée, disait-il, les moines ne savent plus lire et les dames s'adonnent aux lettres. » En effet la reine Catherine d'Aragon était très instruite. Sa fille Marie Tudor, eut pour précepteur Vivès, un des plus grands érudits du temps; elle apprit les langues anciennes et lisait les classiques grecs et latins. Jane Grey lisait le *Phédon* à treize ans. La princesse Élisabeth, qui devait devenir la grande reine Élisabeth, était aussi remarquablement cultivée; elle savait le grec, le latin, le français, l'italien, l'espagnol.

L'Espagne comptait aussi nombre de dames lettrées. En Allemagne au contraire il y eut peu de ces brillants produits féminins.

En France, au xvi⁰ siècle, la culture classique eut

une brillante floraison. Non seulement, les princesses,
les grandes dames, étaient savantes, mais même de
simples bourgeoises. On cite cette célèbre maison de
l'imprimeur et éditeur Estienne où tout le monde parlait latin, jusqu'aux servantes; on y apprenait le latin
comme une langue vivante et les enfants le parlaient
dès le berceau. Cette maison eût fait le bonheur de la
Philaminte de Molière.

Il ne faudrait pas nous figurer cependant que cette
culture fût celle de toutes les femmes. Cette maison,
des Estienne où tout le monde parlait latin est une
maison d'érudits; Olympia Morata était fille d'un professeur; les princesses lettrées ont pour précepteurs
des savants, comme Vivès; mais à côté de cela, il faut
bien se dire que la plupart des femmes restaient igno-
rantes, et qu'on ne concevait pas encore un système
général d'instruction féminine. Ce qui le prouve, ce
sont justement les critiques d'Erasme. Voici le portrait qu'il trace d'une petite fille.

« On dirait qu'elle porte perruque; on charge sa
tête de rubans, de bonnets. Une épaisse chemise ;
sur la chemise une robe beaucoup trop lourde, tombant jusqu'à terre, tellement large que ce qu'elle a en
trop suffirait à en faire une, et, à partir de la ceinture,
chargée de plis qui fatiguent les côtes; puis, comme
si ce n'était pas encore assez, une immense queue qui,
se repliant derrière le dos, achève d'accabler ce pauvre petit corps. Du même genre sont les chaussures,
bottines à lourds talons, en cuir double, comme si elles
étaient faites en vue d'une lutte à coups de pieds.
Qu'en résulte-t-il ? Le corps encore tendre est écrasé par
le poids ; en outre, il est comprimé et ne peut se développer selon la nature. Enfin, l'enfance contracte dès
lors la sotte vanité de la toilette qu'elle perdra diffici-
lement en grandissant. Si les mères trouvent là leur
plaisir, qu'elles affublent des poupées ou des singes,
non leurs filles. »

Qu'apprend-on à ces petites filles habillées de cette manière qui les torture ? Erasme se plaint qu'on ne leur apprenne que tout juste ce qu'elles ont besoin de savoir dans la vie mondaine, c'est-à-dire fort peu de chose : à se bien tenir, à ne parler qu'avec certaines formules, à dire « Madame ma mère » à accompagner leurs paroles de « sauf votre grâce, Madame » à faire la révérence, à se bien tenir dans les diners. Une fois qu'elles savent tout cela, elles sont prêtes à être mariées. Mais, dit Erasme, on ne leur apprend pas ce qui est le plus nécessaire ; on ne cultive ni leur âme, ni leur esprit.

Quant aux lectures que font ces jeunes filles, ce sont la plupart du temps ces romans espagnols dont Cervantès s'est moqué, *Esplandian, Amadis de Gaule*, ou des romans français du même genre, *Lancelot du Lac, Pierre et Maguelonne, Mélusine*. Les femmes qui faisaient leurs délices de Platon et de Cicéron étaient donc une minorité.

Tout le monde n'était d'ailleurs pas d'avis d'instruire les femmes. Montaigne paraît peu favorable à cette idée ; il dit que les savantes sont souvent des pédantes, que d'ailleurs, très souvent, elles n'ont pas bien digéré ce qu'elles ont appris ; que de plus, elles parlent beaucoup et font étalage d'un savoir peut-être peu solide. Lorsqu'il se demande ce que peuvent étudier les femmes, il leur permet la poésie, parce que, dit-il, la poésie a quelque chose de léger comme elles. Il leur permet encore un peu d'histoire, même de philosophie, mais il juge que ce qui convient le mieux aux femmes, c'est la science ménagère : qu'une femme sache bien diriger sa maison, c'est là le principal. Il rappelle avec quelque plaisir le célèbre mot de François, duc de Bretagne, à qui on disait que sa fiancée ne savait pas grand chose ; il répondit qu'il l'en aimerait mieux et qu'une femme est assez savante quand elle sait distinguer la chemise

du pourpoint de son mari. C'est le mot repris par
Molière.

Au contraire, Érasme tout en accordant que la femme
doit certainement apprendre les choses du ménage,
veut aussi qu'elle étudie autre chose; voici comment
il met en scène, dans un dialogue, une dame qui
prend plaisir à lire Cicéron.

L'Abbé. — Quel attirail avez-vous là?

La Dame. — N'est-il pas élégant ?

L'Abbé. — Je n'en sais rien; ce que je sais c'est
qu'il est peu séant pour une demoiselle ou une dame.

La Dame. — Et pourquoi?

L'Abbé. — Il n'y a que des livres.

La Dame. — Eh bien ? A votre âge, abbé et homme
de cour, vous n'avez donc jamais vu de livres dans
les châteaux des héroïnes ?

L'Abbé. — Pardon, mais des livres français; les
vôtres sont grecs et latins.

La Dame. — N'avons-nous à profiter qu'avec les
livres français ?

L'Abbé. — Tout cela est bon pour des héroïnes qui
ont du temps de reste et veulent se distraire.

La Dame. — Les héroïnes ont-elles seules le droit
de s'instruire et de se bien gouverner?

L'Abbé. — Je permettrais bien la lecture, mais pas
celle d'ouvrages en latin.

La Dame. — Et la raison, s'il vous plaît ?

L'Abbé. — Que le latin n'est pas fait pour les
dames.

La Dame. — Je suis curieuse de savoir pourquoi.

L'Abbé. — Il ne respecte pas leurs oreilles.

La Dame. — Avec cela que les auteurs français en
ont souci : ils ne racontent qu'histoires galantes.

L'Abbé. — Ce n'est pas la même chose.

La Dame. — Je ne comprends pas la différence.

L'Abbé. — Enfin c'est une opinion reçue qu'une
femme sachant le latin est un phénomène.

La Dame. — Ah ! oui, l'opinion.... Mais ne m'en parlez pas, c'est le pire des conseillers ; ni de la coutume, c'est la pire des autorités. Si une nouveauté est bonne, il faut qu'on en vienne à s'y habituer, et l'insolite deviendra usuel, le choquant agréable, l'inconvenant ou soi disant tel, bienséant.

L'Abbé. — Bon, bon....

La Dame. — Voyons, n'est-il pas utile à une Allemande d'apprendre le français ?

L'Abbé. — Fort utile.

La Dame. — Pourquoi ?

L'Abbé. — Pour qu'elle puisse causer avec ceux qui parlent cette langue.

La Dame. — Et vous me blâmez d'apprendre le latin pour m'entretenir chaque jour avec tant d'auteurs éloquents, si instructifs, si sages, si bons conseillers ?... »

Il est vrai qu'une éducation purement lettrée pouvait avoir des inconvénients quand elle était portée à l'excès. Olympia Morata écrivait à quatorze ans que l'aiguille et le fuseau étaient « le triste apanage des femmes ». Plus d'un moraliste pensera que c'est une éducation fâcheuse que celle qui donne à la femme le dégoût des travaux de son sexe. Mais on pourrait dire que si les travaux du ménage sont nécessaires, ils ne sont pas toujours très attrayants, et on conçoit que certaines femmes puissent trouver plus de plaisir à lire un poète qu'à coudre. La raison ne consiste pas à préférer la seconde occupation à la première, mais à savoir se plier aux choses moins agréables quand on en a reconnu la nécessité.

En France, au xvie siècle, on est d'abord frappé par l'éclat de la cour des Valois. C'est avec Anne de Bretagne, femme de Charles VIII, puis de Louis XII, qu'on avait commencé à voir une *cour* en France. Anne de Bretagne s'y entourait de dames et de jeunes filles ; elle protégeait les érudits et les lettrés. Une de ses filles, Renée de France, très instruite et qui devint la duchesse de Ferrare, s'occupait de théologie; elle finit même par embrasser la Réforme. Ses enfants ne furent pas moins cultivés qu'elle; la cour de Ferrare est célèbre.

Mais la plus brillante des princesses françaises de la Renaissance, c'est la sœur de François Ier : Marguerite d'Angoulême. Tous les auteurs l'ont célébrée, en prose et en vers, en latin et en français. Elle a porté différents noms, elle s'appelle Marguerite d'Angoulême, Marguerite de Valois, Marguerite de Navarre, et on peut confondre parfois, d'autant plus qu'il y a eu plusieurs Marguerite de Valois et de Navarre. Ici, nous parlons de la sœur de François Ier, qui épousa d'abord le duc d'Alençon, puis le roi de Navarre, et fut la mère de Jeanne d'Albret. Elle savait non seulement le latin et le grec, mais encore l'hébreu et la théologie. Même elle eut des sympathies pour la Réforme et elle intercéda souvent en faveur des protestants qu'on commençait à persécuter. On la voit aussi s'intéresser au Collège de France, cette grande création de François Ier; elle intervient même dans la nomination des professeurs, elle protège Amyot, à qui elle fait donner une chaire de grec à l'Université de Bourges.

Marguerite est célèbre aussi par son grand attachement pour son frère François Ier. Toutes ses autres affections, pour son mari, pour ses enfants, cédaient devant celle-là. Cette tendresse fraternelle était réciproque. François Ier l'appelait sa Mignonne, la Marguerite des Marguerites. Quand, vaincu par les troupes de Charles-Quint et fait prisonnier, il fut emmené à Madrid, et y tomba malade, Marguerite traversa toute la France et l'Espagne pour accourir auprès de lui et le soigner.

On la voit aussi se mêler d'affaires politiques, mais toujours dans le sens du dévouement à son frère.

Elle a écrit des poésies qui nous paraissent aujourd'hui un peu faibles et un peu lâches, mais qu'on pri-

sait de son temps. Son principal titre à la gloire littéraire, ce sont les célèbres *Contes de la reine de
Navarre*. Ils sont souvent licencieux, quoique Marguerite fût elle-même une très honnête femme ; mais
tel était le goût du temps. Ce qui fait leur valeur, c'est
la finesse, le sentiment, l'esprit, les réflexions morales, et un excellent style.

Marguerite a été de son temps universellement
célèbre. Beaucoup des hommes les plus distingués
d'alors lui écrivent, la complimentent. Erasme loue
sa douceur, sa modération, sa force d'âme, sa piété,
son merveilleux mépris des vanités du monde. Rabe-
lais lui dédie un de ses livres, Ronsard la célèbre
après sa mort en des vers pleins de poésie et de
grâce. Il ne veut pas qu'on lui élève un tombeau de
marbre ou de bronze, cela ne lui convient pas.

> L'airain, le marbre et le cuivre
> Font tant seulement revivre
> Ceux qui meurent sans renom,
> Et des quels la sépulture
> Presse sous même clôture
> Le corps, la vie et le nom.
>
> Mais toi dont la Renommée
> Porte d'une aile animée
> Par le monde les valeurs,
> Mieux que ces pointes superbes
> Te plaisent les douces herbes,
> Les fontaines et les fleurs.
>
> Vous, pasteurs, que la Garonne
> D'un demi-tour environne
> Au milieu de vos prés verts,
> Faites sa tombe nouvelle,
> Et gravez l'herbe sur elle
> Du long cercle de ces vers :
>
> *Ici la Reine sommeille*
> *Des Reines la nonpareille*
> *Qui si doucement chanta.*
> *C'est la Reine Marguerite,*
> *La plus belle fleur d'élite*
> *Qu'oncque l'Aurore enfanta.*

Il y a eu une autre Marguerite, fille de François Ier, nièce et filleule de la première et qui fut duchesse de Savoie. Celle-ci aussi fut sage et savante. Une troisième Marguerite n'a pas eu une vie aussi irréprochable que les deux premières ; c'est la fille d'Henri II, celle qu'on appelle *la reine Margot* et qui fut la femme d'Henri IV. Elle a laissé des *Mémoires*.

Nous pouvons joindre à ces princesses de la cour des Valois Marie Stuart qui, quoique Ecossaise, a été élevée en France. Elle aussi sait le latin ; elle fait une harangue latine à l'âge de treize ans pour démontrer que les femmes doivent être instruites. Elle écrit aussi en vers. On a mis dans sa bouche ceux-ci, adressés à la France en partant pour l'Ecosse où elle devait trouver le malheur :

Adieu, France, adieu mes beaux jours !
La nef qui disjoint nos amours
N'a cy de moi que la moitié.
Une part te reste, elle est tienne :
Je la fie à ton amitié,
Pour que de l'autre il te souvienne.

La vie à la cour des Valois est brillante ; les fêtes se multiplient à Paris et dans les beaux châteaux des bords de la Loire élevés par les artistes de la Renaissance ; fêtes poétiques ou musicales, allégories, fêtes mythologiques. Le luxe se donne carrière. Les vêtements des femmes sont somptueux. Les modes italiennes s'introduisent et il y a de grands changements dans le costume. Hommes et dames sont vêtus de soie, de velours, de fourrures, et couverts de bijoux. La coquetterie des femmes leur faisait supporter de véritables martyres ; c'est à ce moment qu'on a commencé à porter des espèces de corsets garnis de pièces de bois qu'on serrait fortement pour faire la taille aussi fine et menue que possible. Les portraits nous montrent ces tailles déformées. Comment arrivait-on à ce beau résultat? voici ce qu'en dit Montaigne : « Elles sont guindées et sanglées avec de grosses coches sur les côtés jusques à la chair vive, ouy quelquefois à en mourir. » Mais c'était la mode. A un certain moment, on inventa aussi le *vertugadin*, de grands cercles qui soutenaient et faisaient bouffer la robe; de cette manière la taille paraissait plus mince. Ce fut plus tard aussi le principe des paniers du xviii⁰ siècle.

Jusqu'alors, les dames françaises avaient toujours porté quelque chose sur leurs cheveux : hennin ou bonnet; au xvi⁰ siècle, elles commencent à se coiffer de leur chevelure qu'elles sèment de pierreries.

A une certaine époque on porta la fraise, collerette très raide et plissée qui s'évasait tout autour de la tête et lui donnait l'air d'un bouquet dans du papier; elle a été surtout à la mode sous Henri III et les hommes aussi la portaient.

Les robes sont en tissu magnifique : drap d'or et d'argent, soie; quelques-unes sont brodées de pierreries, d'autres fourrées d'hermine. Certains portraits nous montrent des manches bouillonnées et crevées, ornées de perles. Tel est le portrait d'Elisabeth d'Autriche, femme de Charles IX. Un autre portrait nous fait voir une robe de velours noir ornée d'aiguillettes d'or et de plumes, un col plissé, une toque de velours noir à plume blanche.

Ce qu'on apprécie beaucoup à ce moment dans la beauté féminine c'est la douceur, il faut qu'une femme ait l'air aimable, qu'elle ait le teint clair et qu'elle soit blonde autant que possible. On aimait aussi les fronts découverts et élevés, signe d'intelligence; pour agrandir le front on rasait les premiers cheveux sur le devant de la tête, puis on relevait les autres très fortement; souvent les coiffures sont très aplaties. Mais d'autres fois les cheveux sont crêpés, mêlés de faux cheveux, et on les entremêle de cordons de perles qui serpentent.

Les dames aimaient beaucoup les changements dans
leur toilette, et parfois ces changements se faisaient de
la façon suivante : un jour on mettait une robe à l'espagnole, le lendemain, à la française, puis une robe
à l'allemande, etc. Même à un certain moment, on
essaya d'introduire à la cour de France la mantille
espagnole, mais cette mode ne plut pas à François Ier
qui dit qu'il croyait avoir des diables autour de lui.
La mantille est cependant gracieuse et François Ier
était un homme de goût, mais il n'était pas en bons
rapports avec l'Espagne à ce moment et il ne vit pas
de bon œil cet envahissement de modes espagnoles.

Le changement quotidien d'ajustements est un des
rares plaisirs qui soient restés à Elisabeth de Valois,
mariée à Philippe II d'Espagne, ce sombre fanatique.
La cour d'Espagne était loin d'avoir la gaieté brillante
de la cour de France. Le journal privé de cette
pauvre princesse, fait pour sa mère Catherine de
Médicis, nous montre les changements de toilette qui
constituaient tout son plaisir. Un lundi elle met une
robe à l'espagnole en taffetas bleu ornée d'or, une
cotte de toile d'or cramoisie, et se coiffe de rubis et
perles. Le mardi, elle met une robe de taffetas gris
à l'espagnole, brodée d'or, une cotte de toile d'or
ornée de saphirs et de perles. Le mercredi, elle met
encore une robe de taffetas gris mais avec grande
bande d'or, et se coiffe de rubis. Le jeudi, jour de
l'Ascension, c'est une robe de taffetas violet et une
cotte de laine d'or gaufrée.

Il y eut en France, déjà sous Charles VIII, et plus
tard sous Charles IX, Henri III, Henri IV, des lois
somptuaires pour réglementer l'usage des choses de
luxe et défendre à ceux qui n'avaient pas tel ou tel
degré de noblesse de porter telle ou telle étoffe. On
cite cet édit d'Henri IV, tout à fait au commencement
du xviie siècle, par lequel il défendait de porter de
l'or sur les vêtements, à tout le monde, excepté aux

femmes de mauvaise vie et aux filous parce que, disait l'édit, « à ces gens-là, nous ne faisons pas l'honneur de nous occuper de leur costume ». Mais il va sans dire que les femmes de très bonne vie continuèrent comme par le passé à porter de l'or et des bijoux.

Pour terminer cette causerie sur les femmes de la Renaissance, il nous faudrait faire remarquer qu'il n'y a pas eu seulement alors des femmes élégantes et des femmes lettrées, mais aussi des femmes qui sont restées célèbres par leurs vertus morales et leur caractère, comme la mère de Bayard, ou Jeanne d'Albret, mère d'Henri IV. Certes, elles mériteraient une étude, mais le temps nous est mesuré. D'ailleurs chaque époque a ses traits dominants. Ceux de la Renaissance sont avant tout artistiques et intellectuels, et la figure féminine qui y répond le mieux, c'est bien sans doute ce charmant esprit à qui nous avons, avec raison, je crois, consacré quelques instants, la princesse française pleurée poétiquement par Ronsard, la sœur aimante et aimée de François Ier, la Marguerite des Marguerites.

LES FEMMES FRANÇAISES AU XVIIᵉ SIÈCLE

LES PRÉCIEUSES

Mesdames,

Nous commencerons aujourd'hui par dire quelques mots de la situation de la femme dans la famille aux XVIᵉ et XVIIᵉ siècles, parce que cette situation est restée la même en France jusqu'à la Révolution de 1789.

Le droit d'aînesse, dont nous avons déjà parlé à propos de l'époque féodale, subsiste, et si, dans la famille, les cadets sont sacrifiés à l'aîné et n'héritent pas, à plus forte raison en est-il de même des filles. Une fille en général, quand elle a des frères, ne participe pas à l'héritage; elle reçoit simplement une dot. Il va sans dire que dans les familles riches la dot peut être considérable, mais très souvent aussi il arrive que la fortune étant concentrée dans les mains du fils aîné, il n'y a pas de dot pour la fille; on la met simplement au couvent, et nombre de jeunes filles ont été ainsi, bien malgré elles, consacrées à la vie religieuse. On ne les consultait pas. Il était regardé comme honorable pour une fille de grande maison d'entrer dans un ordre religieux; cela sauvegardait l'honneur de la famille plus que si cette fille avait dû vivre pauvre dans le monde.

Le mariage est toujours ce que nous l'avons vu à l'époque féodale. Cependant il y a de nouvelles formalités, comme la publication des bans. C'est le Concile de Trente, au XVIᵉ siècle, qui avait décidé que, pour que le mariage fût plus sûr, et qu'au cas où il y aurait des empêchements on pût les faire connaître, on serait tenu de publier les noms des fiancés, et de laisser écouler un certain temps entre cette publication et la célébration du mariage. La loi française, par l'Ordonnance de Blois, rendit la chose obligatoire et le nouveau régime depuis l'a conservée.

Ce qui nous frappe dans les mariages, aux XVIᵉ, XVIIᵉ et XVIIIᵉ siècles, c'est l'âge extrêmement tendre auquel on se marie. Souvent, entre grandes familles, l'union est décidée pour des raisons de politique, d'intrigue ou d'intérêts. Il y avait de vrais mariages d'enfants. On cite des cas où le petit mari a cinq ans, la petite épouse quatre, et où le mariage est quand même célébré à l'église. Il est vrai que la cérémonie faite, on retarde la réunion des conjoints jusqu'à ce qu'ils aient atteint un âge raisonnable, mais encore quelquefois très tendre; telle jeune femme a été mère à quatorze ans. Dans la loi occidentale, l'âge légal du mariage est aujourd'hui plus tardif.

Nous avons déjà remarqué, à propos de l'éducation, que les gens de cette époque n'avaient réellement pas d'enfance. Les enfants, dès l'âge de quatre ans, sont traités comme de petits hommes et de petites femmes. Nous avons vu ces costumes de petites filles dont Érasme se moquait. Ce que nous avons constaté au point de vue du costume peut se constater au point de vue moral. Très vite on traite les enfants comme de grandes personnes ; c'est tout le contraire de ce qui se passe aujourd'hui, où il y a peut-être un excès dans le sens opposé. Aux xviie et xviiie siècles, nous sommes étonnés de voir des petites filles de douze ans qui se tirent admirablement d'une lettre ou d'un compliment, qui parlent avec une propriété parfaite, qui savent employer des termes galants et qui dans une société ne sont embarrassées de rien.

Comme la constitution de la famille est restée la même jusqu'à la fin de l'ancien régime, nous ne reviendrons pas sur ce point jusqu'à l'époque de la Révolution, où on abolira le droit d'aînesse en rendant égaux au point de vue de l'héritage les fils et les filles.

Occupons-nous maintenant des femmes au xviie siècle.

C'est la belle époque de la France monarchique, le moment où elle joue en Europe le rôle prépondérant, où elle apparait comme le modèle de toutes les autres nations ; on copie la cour de Louis XIV, les œuvres de la littérature française, on parle française partout. Ce siècle est occupé par le règne de Henri IV qui se termine prématurément par un assassinat, puis le règne de Louis XIII et enfin celui de Louis XIV.

Dans la première moitié de ce siècle, l'activité féminine s'est exercée dans plusieurs domaines ; dans les lettres, et ici nous allons voir les *précieuses* ; dans la politique, et nous verrons les *frondeuses* ; enfin dans les choses de charité et de religion, où nous rencontrerons les dames auxiliaires de Saint-Vincent-de-Paul et les célèbres religieuses de Port-Royal.

Voyons d'abord les femmes dans le domaine des lettres. Au xvie siècle avait brillé la cour lettrée des Valois ; mais une période de terribles guerres civiles et religieuses avait succédé, cette époque de la Ligue, où on se disputait même la couronne de France. La paix revient avec le triomphe d'Henri IV. On voit reparaître une cour, où certes la galanterie ne manquait pas, Henri IV est resté un type de roi galant, mais cette galanterie est d'un caractère assez grossier, assez crû, qui se ressent un peu trop de la vie des camps.

C'est alors qu'une dame, Catherine de Vivonne, marquise de Rambouillet, fille d'un grand seigneur français et d'une grande dame romaine, renonça à aller à la cour dont le ton trop libre lui déplaisait, et se mit à recevoir chez elle ses amis. Élevée à Rome, elle avait rapporté d'Italie certaines habitudes de vie, de logement même, qu'elle transporta à Paris; elle fit reconstruire l'hôtel de Rambouillet sur un plan conçu par elle-même. Elle mit à la mode un nouvel arrangement de maison : les escaliers disposés de façon à réserver une plus grande place pour les appartements, et à l'intérieur, des pièces moins grandes que les immenses salles d'autrefois et plus favorables à la conversation et à l'intimité. Il y avait aussi de grandes fenêtres opposées à des portes très hautes, pour laisser entrer l'air et la lumière comme à Rome.

Au xviie siècle, il n'y avait pas de *salon*, pièce uniquement réservée aux réceptions ; il n'y avait pas non plus de *salle à manger*; on recevait à dîner tantôt dans une pièce, tantôt dans une autre, et les dames recevaient généralement les visites dans leur chambre. Là figuraient ces grands lits carrés qu'on voit dans les gravures du temps; des deux côtés se trouvaient des espaces qu'on nommait *ruelles*, voilà pourquoi les gens qui allaient en visite étaient appelés *des coureurs de ruelles* et ceux qui étaient les amis de la maison s'appelaient les *introducteurs de ruelles*. La dame pour recevoir s'asseyait sur son lit, parée de ses plus beaux atours.

Comme la marquise de Rambouillet redoutait beaucoup pour elle-même les courants d'air, elle avait fait insérer dans sa chambre une petite chambre intérieure, une *alcôve* où se trouvait le lit; c'est là qu'elle recevait. Il est souvent question dans les auteurs du temps de cette fameuse chambre de la marquise, *la chambre bleue d'Arthénice*, toute tendue de velours bleu avec ornements d'or et d'argent, *Arthénice* était l'anagramme de son nom de *Catherine*; il était galant de se donner des noms d'apparence mythologique; ce sont ces noms que nous retrouverons dans les romans de Mlle de Scudéry et même dans les comédies de Molière.

La marquise présidait aux réunions; à côté d'elle était sa fille, la célèbre Julie d'Angennes, aimée du duc de Montausier et qui, conformément à ce qui était le code des précieuses, se gardait bien de lui accorder sa main; elle le fit attendre pendant treize ans. C'est pour elle que fut composée cette fameuse *Guirlande de Julie*, qui comprenait 76 madrigaux faits par divers poètes, tous à propos de fleurs dont chacune représentait telle ou telle perfection de Julie; on n'avait jamais vu galanterie aussi délicate.

Le charme principal de ces réunions était la conversation. C'était alors pour les Français le plaisir par excellence. Ce n'est pas qu'ils n'eussent d'autres occupations, avec les guerres extérieures, les troubles civils et les intrigues de cour. Mais c'était pour eux un moyen de satisfaire leur goût de la galanterie et du bel esprit; c'était la forme nouvelle de l'esprit chevaleresque. L'influence des dames dans un pareil milieu s'exerçait dans le sens de la délicatesse et du goût.

Ces conversations portaient surtout sur deux thèmes : l'amour et la littérature. Les questions d'amour amenaient à une analyse délicate des sentiments du cœur; on aimait, quand on avait fait quelque remarque fine et piquante, à l'enfermer sous la forme d'une maxime; on aimait aussi ce que nous appellerions aujourd'hui des *analyses psychologiques*, et cela se produisait sous la forme de *portraits*. Chacun faisait les portraits de ses amis ; c'est ainsi que Mme de La Fayette fit le portrait de Mme de Sévigné. On faisait aussi son propre portrait, et on ne se traitait pas trop mal. La Rochefoucauld dit tout simplement : « J'ai de l'esprit, car à quoi bon façonner là-dessus ? » La Grande Mademoiselle avoue qu'elle ne manque pas de beauté. Les romans, les mémoires du temps, sont remplis de portraits, il y en a toute une galerie, par exemple dans les Mémoires du cardinal de Retz, et plus tard dans les célèbres Mémoires du duc de Saint-Simon ; ces derniers sont moins ciselés, moins finis que ceux de Retz, mais plus vivants. Comment ne pas nommer à propos des maximes, celles de La Rochefoucauld ? c'est le véritable chef-d'œuvre du genre. Et à propos des portraits, comment ne pas citer ceux de La Bruyère, quoique postérieurs à l'époque des Précieuses ? Ils sont à la fois des types généraux et des peintures du temps ; on en a souvent donné des *clefs*, ce qui, bien entendu, les rendait plus piquants encore pour les contemporains. Les *clefs* aussi avaient fait la vogue des portraits semés à profusion dans les romans de Mlle de Scudéry.

A côté de la galanterie et des analyses morales, ce qui passionnait ces dames, c'était les questions littéraires. D'abord les questions de langage, la grammaire. (Vaugelas fréquentait l'hôtel de Rambouillet). On discute sur les mots, sur les tournures de phrases, on est extrêmement délicat sur la correction ; on veut toujours aussi dire les choses finement ; on ne tolère pas la grossièreté ; on cherche à épurer la langue. Songeons d'ailleurs que la fondation de l'Académie française est de la même époque et répond aux mêmes préoccupations. On discute sur les ouvrages qui paraissent ; c'est ainsi que dans la célèbre querelle du *Cid* que l'Académie censurait, l'hôtel de Rambouillet prit le parti du bon sens et fut favorable à Corneille. Il n'eut pas toujours aussi bon goût, et Corneille quand il y lut *Polyeucte*, n'y rencontra pas grande approbation.

La moindre production littéraire était un événement et suscitait parfois de véritables guerres. Ainsi Benserade ayant fait un sonnet et Voiture un autre on disputa pour décider lequel était le plus beau ; ce fut une guerre qui partagea tout Paris. A la tête des partisans de Voiture se trouvait la Grande Mademoiselle.

Ce qui est intéressant aussi à l'hôtel de Rambouillet c'est d'y voir les hommes de lettres figurer à côté des grands seigneurs, des personnes les plus distinguées du royaume, du prince de Condé, de la Grande Mademoiselle, et s'y soutenir par leur seule qualité d'écrivains. Tels furent Malherbe, Chapelain (que Boileau a complétement tué mais qui en ce temps là était un personnage littéraire), Ménage, le fameux érudit pédant que Molière a ridiculisé, Voiture, célèbre pour sa galanterie et ses petits vers, et d'autres personnages qui étaient simplement des hommes de lettres, que les grands seigneurs traitaient à peu près comme des égaux et qui étaient adulés, encensés.

L'Hôtel de Rambouillet ne fut pas le seul salon où l'on causât ; il y avait aussi les samedis de Mlle de Scudéry, où la société était d'une aristocratie un peu moins haute, les réunions de Mlle de Montpensier au Luxembourg, le petit cénacle autour de Mme de Sablé où on faisait surtout des maximes.

Il semble d'abord que tous ces salons n'aient pu avoir qu'une bonne influence sur la délicatesse des mœurs et sur le langage, mais on arriva vite aux excès, parce qu'il est est difficile de tant raffiner sur les choses sans ergoter, subtiliser et perdre le naturel. C'est très bien d'avoir de la délicatesse en amour, mais non d'alambiquer les sentiments jusqu'à l'extravagance. C'est très bien de proscrire la grossièreté du langage mais non pas de devenir incompréhensible par peur d'être vulgaire. Or cette belle société n'évita pas ces écueils; ce fut là l'esprit *précieux* et le défaut des *Précieuses*.

C'est chez Mlle de Scudéry qu'on avait imaginé la célèbre plaisanterie du royaume de Tendre, qui plut à tel point qu'elle l'inséra dans un de ses romans. Sur la carte de Tendre, on voit couler trois fleuves qui arrosent trois villes : *Tendre sur Estime, Tendre sur Inclination* et *Tendre sur Reconnaissance*; d'un côté de la carte figure le *lac d'Indifférence*, il faut se garder de s'y perdre. Le chemin est tout simple pour aller à *Tendre sur Inclination*, on y va malgré soi; mais pour aller à *Tendre sur Estime*, il y a des étapes, des villages à traverser : *Billets-doux, Billets-galants, Petits-Soins*. Une fois qu'on est sur le fleuve, si on ne veille pas, on risque d'aller se jeter dans la *Mer Dangereuse*, de l'autre côté de laquelle se trouvent les *Terres inconnues*.

Cette plaisanterie eut un grand succès. Les romans n'en avaient pas moins : ce sont des aventures extraordinaires, de longues conversations ou plutôt des dissertations sur des points de galanterie, des sentiments recherchés de tendresse ou d'héroïsme, sur lesquels on subtilise à l'infini. Le langage même de l'amour s'orne de pointes, de jeux d'esprit, d'effets, d'expressions forcées; on cherche le joli, le galant et on arrive au factice et au conventionnel. C'est alors que fleurissent ces expressions : les *fers*, les *feux*, les *flammes*, les *chaînes*, tout ce vocabulaire amoureux dont on voit la trace non seulement dans les auteurs purement précieux, mais aussi quelquefois dans les plus grands écrivains : dans Corneille, et même dans Racine, et jusque dans Molière qui s'en est tant moqué.

Ceci nous amène à d'autres défauts des Précieuses, ceux qu'on relève dans leur langage. Le souci de l'élégance, la peur de la vulgarité, les conduisait à un véritable jargon, incompréhensible pour tous ceux qui n'étaient pas initiés. Un miroir était le *conseiller des grâces*, un laquais s'appelait un *nécessaire*, une cheminée le *royaume de Vulcain*. On aimait aussi les longs adverbes en « *ment* » : *furieusement, terriblement*; on disait d'une femme qu'elle était *furieusement* belle.

Molière et Boileau se sont moqués des Précieuses, Boileau dans ses *Satires* et dans son *Dialogue des héros de roman*, Molière dans les *Précieuses Ridicules* et les *Femmes Savantes*, même dans le *Misanthrope*; le sonnet d'Oronte est un sonnet précieux qui aurait eu l'applaudissement de toutes les belles dames entichées de bel esprit.

La satire de Molière a été si comique, elle est tombée si juste qu'on peut dire qu'elle a véritablement tué les Précieuses. Certains critiques du xixe siècle qui s'étaient pris d'amour pour ces dames, ont prétendu que Molière ne s'était pas moqué des vraies précieuses, mais simplement des maladroites imitations provinciales ; en réalité la satire ne tombait pas seulement sur les imitations, mais bel et bien sur le modèle lui-même.

Nous voudrions bien que de nos jours un autre Molière vînt exécuter aussi spirituellement les nouvelles formes de la préciosité. Car il y a toujours des gens qui se travaillent à avoir de l'esprit.

Mais arrêtons-nous un moment sur les *Précieuses ridicules* de Molière.

Deux provinciales précieuses arrivent à Paris avec l'idée d'entrer en relations avec tous les beaux esprits de la ville. Elles ont la tête farcie de romans et un mépris profond pour la vie ordinaire; on les demande en mariage; elles sont outrées de ce procédé bourgeois. Ceci est bien un trait des Précieuses ; la gloire pour une femme consistait à s'entourer d'adorateurs qu'elle laissait languir, gardant l'attitude d'une reine qu'on supplie et qui n'accorde rien. Et comme Gorgibus, homme d'un bon sens vulgaire, s'étonne, elles lui exposent toute la théorie, et quelle doit être la marche d'un amour selon les règles.

MADELON. — « Mon père, voilà ma cousine qui vous dira aussi bien que moi, que le mariage ne doit jamais arriver qu'après les autres aventures. Il faut qu'un amant, pour être agréable, sache débiter les beaux sentiments, pousser le doux, le tendre et le passionné et que sa recherche soit dans les formes. Premièrement, il doit voir au Temple ou à la promenade, ou dans quelque cérémonie publique la personne dont il devient amoureux; ou bien être conduit fatalement chez elle par un parent ou un ami, et sortir de là tout rêveur et mélancolique. Il cache un temps sa passion à l'objet aimé, et cependant lui rend plusieurs visites, où l'on ne manque jamais de mettre sur le tapis une question galante qui exerce les esprits de l'assemblée. Le jour de la déclaration arrive, qui se doit faire ordinairement dans une allée de quelque jardin, tandis que la compagnie s'est un peu éloignée; et cette déclaration est suivie d'un prompt courroux, qui paraît à votre rougeur et qui, pour un temps, bannit l'amant de notre présence. Ensuite, il trouve moyen de nous apaiser, de nous accoutumer insensiblement au discours de sa passion, et de tirer de nous cet aveu qui fait tant de peine. Après cela, viennent les aventures, les rivaux qui se jettent à la traverse d'une inclination établie, les persécutions des pères, les jalousies conçues sur de fausses apparences, les plaintes, les désespoirs, les enlèvements et ce qui s'ensuit. Voilà comme les choses se traitent dans les belles manières, et ce sont des règles, dont, en bonne galanterie, on ne saurait se dispenser. Mais en venir de but en blanc à l'union conjugale, ne faire l'amour qu'en faisant le contrat du mariage et prendre justement le roman par la queue ! encore un coup mon père, il ne se peut rien de plus marchand que ce procédé ; et j'ai mal au cœur de la seule vision que cela me fait. »

C'est tout à fait le roman des précieuses : la guerre, les approches, le siège ; la place ne doit se rendre qu'au bout de très longtemps, ou même pas du tout.

Comme les vraies précieuses, Cathos et Madelon se donnent des noms autres que ceux qu'elles ont reçus au baptême et qui sont si vulgaires.

Madelon. — « ..... A-t-on jamais parlé dans le beau style de Cathos ni Madelon ? et ne m'avouerez-vous pas que ce serait assez d'un de ces noms pour décrier le plus beau roman du monde ?

Cathos. — Il est vrai, mon oncle qu'une oreille un peu délicate pâtit furieusement à entendre prononcer ces mots-là ; et le nom de Polixène que ma cousine a choisi, et celui d'Aminte que je me suis donné, ont une grâce dont il faut que vous demeuriez d'accord. »

On introduit le marquis de Mascarille, valet déguisé qui a de l'esprit et joue si bien son rôle que les précieuses y sont prises ; toute la scène est semée de traits qui tombent sur les Précieuses. Les trois personnages font assaut d'esprit ; une des Précieuses offre un fauteuil à Mascarille et lui dit : « Contentez l'envie qu'il a de vous embrasser », et au laquais : « Voiturez-nous ici les commodités de la conversation ».

Le sujet de la conversation lui-même est précieux, on tombe d'accord qu'il est honteux de ne pas savoir des premiers tout ce qui se fait en vers, madrigaux, impromptus, etc. Mascarille promet de tenir ces dames au courant de tout ce qui se fera. Lui-même se pique de poésie, de musique, tout cela sans étude : « Les gens de qualité savent tout sans avoir jamais rien appris ». — « Tout ce que je fais a l'air cavalier ; cela ne sent point le pédant. » C'était encore une chose qui passait pour galante chez les Précieuses ; il fallait être avant tout, comme nous dirions aujourd'hui, *homme du monde*, et ne pas prêcher ni professer. Cela est très bien, à condition que par crainte de l'air pédant on n'en vienne à goûter surtout les choses frivoles et vides.

Et voici un exemple de la poésie galante de Mascarille, qui fait pâmer d'admiration les précieuses :

Mascarille. — ... Mais à propos, il faut que je vous dise un impromptu que je fis hier chez une duchesse de mes amies que je fus visiter ; car je suis diablement fort sur les impromptus.

Cathos. — L'impromptu est justement la pierre de touche de l'esprit.

Mascarille. — Ecoutez donc.

Madelon. — Nous y sommes de toutes nos oreilles.

MASCARILLE.

Oh, oh, je n'y prenais pas garde :
Tandis que sans songer à mal je vous regarde,
Votre œil en tapinois me dérobe mon cœur.
Au voleur, au voleur, au voleur, au voleur !

On a beau dire que dans une pareille comédie, Molière ne visait que les copistes des Précieuses, il est bien certain que tous ces traits tombaient sur les Précieuses elles-mêmes.

A côté de Mascarille Jodelet essaie de seconder son brillant ami et c'est tout un feu roulant de plaisanteries, de jeux d'esprit, jusqu'au moment où tout à coup surviennent les maîtres de ces valets, qui les bâtonnent et apprennent ainsi à Cathos et Madelon par qui elles se sont laissé faire la cour.

Dans les *Femmes Savantes*, c'est encore une parodie de l'esprit précieux. Trois femmes dans cette malheureuse famille sont infectées de ce mauvais esprit. C'est d'abord la maîtresse de la maison elle-même, Philaminte. Elle reçoit chez elle Trissotin, bel esprit à la façon de ceux qu'on encensait dans le cercle des précieuses; elle l'admire, le couvre de louanges, et veut même lui donner sa fille. Elle est intransigeante sur les questions de langage, et quand la pauvre servante Martine fait des fautes de français, elle la renvoie.

Armande, fille aînée de Philaminte, est une précieuse finie. Elle dédaigne le mariage; il est bien plus beau de laisser soupirer indéfiniment les adorateurs. Il est vrai qu'à ce jeu on les perd, car ils n'ont pas tous l'éternelle constance des héros de roman, et Clitandre, lassé des dédains d'Armande, s'est tourné vers Henriette. En vain Armande piquée essaiera de le reprendre; il lui répondra par un refus. « Il est trop tard, madame, une autre a pris la place. »

Bélise est une caricature de précieuse poussée au grotesque. Elle croit à son âge que tous les hommes sont amoureux d'elle; elle cite tous ceux qu'elle a désolés par ses rigueurs. Il est vrai que l'un d'eux s'est marié, qu'un autre dit partout du mal d'elle, mais, dit-elle, « c'est par un désespoir où j'ai réduit leurs feux ».

Elle permet aux hommes de *brûler* pour ses *appas*, mais à condition qu'ils l'aiment sans rien prétendre. Elle aussi est *rebelle à l'hymen*, selon la poétique du genre, et partisan de l'amour platonique.

Philaminte, Armande et Bélise sont encore des précieuses en ce qu'elles se pâment devant les productions littéraires de Trissotin, qui sont du bel esprit galant et faux.

Sonnet à la princesse Uranie sur sa fièvre.

TRISSOTIN.
Votre prudence est endormie,
De traiter magnifiquement,
Et de loger superbement
Votre plus cruelle ennemie.

BÉLISE.

Ah! le joli début!

ARMANDE.

Qu'il a le tour galant!

PHILAMINTE.

Lui seul, des vers aisés possède le talent!

ARMANDE.

A *prudence endormie*, il faut rendre les armes.

BÉLISE.

Loger son ennemie, est pour moi plein de charmes

PHILAMINTE.

J'aime *superbement* et *magnifiquement*;
Ces deux adverbes joints font admirablement.

BÉLISE.

Prêtons l'oreille au reste.

TRISSOTIN.

Votre prudence est endormie,
De traiter magnifiquement,
Et de loger superbement
Votre plus cruelle ennemie.

ARMANDE.

Prudence endormie!

BÉLISE.

Loger son ennemie!

PHILAMINTE.

Superbement et magnifiquement!

TRISSOTIN.

Faites-là sortir, quoi qu'on die,
De votre riche appartement,
Où cette ingrate insolemment
Attaque votre belle vie.

BÉLISE.

Ah! tout doux, laissez-moi de grâce, respirer.

ARMANDE.

Donnez-nous, s'il vous plaît, le loisir d'admirer.

PHILAMINTE.

On se sent, à ces vers, jusques au fond de l'âme,
Couler je ne sais quoi qui fait que l'on se pâme.

ARMANDE.

Faites-là sortir, quoi qu'on die,
De votre riche appartement.

Que *riche appartement* est là joliment dit !
Et que la métaphore est mise avec esprit !

PHILAMINTE.

Faites-là sortir, quoi qu'on die.
Ah ! que ce *quoi qu'on die* est d'un goût admirable !
C'est, à mon sentiment, un endroit impayable.

ARMANDE.

De *quoi qu'on die* aussi mon cœur est amoureux.

BÉLISE.

Je suis de votre avis, *quoi qu'on die* est heureux.

ARMANDE.

Je voudrais l'avoir fait.

BÉLISE.

Il vaut tout une pièce.

La fin du sonnet est dans le même goût et excite autant d'admiration.

Ce n'est pas seulement dans cette scène bien connue que Molière a raillé le goût précieux en matière de poésie, c'est aussi dans le *Misanthrope*, avec le sonnet d'Oronte. On raconte que lorsque la pièce fut jouée pour la première fois, l'acteur qui récita ce sonnet fut couvert d'applaudissements, tant on prisait alors ce genre d'esprit.

ORONTE.

L'espoir, il est vrai, nous soulage,
Et nous berce un temps notre ennui ;
Mais, Philis, le triste avantage,
Lorsque rien ne marche après lui !

Vous eûtes de la complaisance ;
Mais vous en deviez moins avoir,
Et ne vous pas mettre en dépense
Pour ne me donner que l'espoir.

S'il faut qu'une attente éternelle
Pousse à bout l'ardeur de mon zèle,
Le trépas sera mon recours.

Vos soins ne m'en peuvent distraire :
Belle Philis, on désespère,
Alors qu'on espère toujours.

Le chapitre des Précieuses n'est pas le plus glorieux chapitre de l'histoire des femmes ; on pourrait en dire autant du chapitre des Frondeuses, qui, Précieuses d'un autre genre, ont voulu jouer dans la vie réelle les héroïnes de roman. Nous parlerons d'elles la prochaine fois.

LES FEMMES FRANÇAISES AU XVIIe SIÈCLE (*Suite*)

LES FRONDEUSES; — LES FEMMES DE VERTU ET DE PIÉTÉ
LES FEMMES ÉCRIVAINS : MADAME DE LA FAYETTE

MESDAMES,

Il y a au XVIIe siècle un groupe de femmes aussi intéressant et pittoresque que celui des *Précieuses*, c'est celui des *Frondeuses*. Elles aussi ont cultivé ou affecté les beaux sentiments, ravies de faire figures d'héroïnes. Ce rôle pourtant, quand on le regarde de près, n'est rien moins que glorieux, car enfin quelle était la signification de ce mouvement de la Fronde pendant la minorité de Louis XIV et le gouvernement de Mazarin (c'était contre Mazarin surtout que se faisait cette levée de boucliers)? Est-ce une révolution ayant un véritable sens politique, comme celle qui avait lieu à la même époque en Angleterre, en 1648, et qui avait pour but de détruire l'absolutisme et d'assurer l'existence d'un Parlement réglant la puissance du roi ? Il n'est question de rien de semblable. On se demande quelles étaient en réalité les visées de tous ces gens ; ils n'en avaient pas de bien déterminées. On voit surgir quantité d'intrigants, de brouillons, par exemple Paul de Gondi, futur cardinal de Retz, si amusant, si spirituel. Que voulait-il ? Quels desseins excitaient l'héroïsme de ces belles dames qui se mêlaient aux événements et entraînaient les hommes ? Nous devinons là des dépits, des convoitises, des rivalités, des rancunes, mais aucune vue politique précise, rien qui tendît au bien public. Au milieu de ces intrigues apparait tout un escadron de belles amazones : Mme de Longueville, qui entraîna dans la lutte des hommes d'une véritable valeur comme La Rochefoucauld, et, ce qui est plus extraordinaire, Turenne ; — Mme de Montbazon, Mme de Chevreuse, Anne de Gonzague, princesse palatine. Toutes ces dames mêlent la galanterie à la politique. Il serait trop long de les étudier toutes ; nous choisirons donc parmi elles celle qui est la plus intéressante, la *Grande Mademoiselle*.

Elle était de très haute naissance, étant la propre fille d'un frère de Louis XIII, et cousine-germaine de Louis XIV, à qui on songea même à la marier. Elle est peut-être plus sympathique qu'une autre, parce qu'elle a du moins joué sincèrement son rôle et qu'elle y a apporté générosité et vaillance. Il n'y avait rien de bas dans son âme. Malheureusement, cette véritable vaillance se trouve mise au service d'une cause qui n'en est pas digne, ce qui fait qu'on a toujours l'impression de coups d'épée dans l'eau et de beaucoup d'héroïsme dépensé en pure perte. Il y a quelque chose d'un peu comique dans toute son histoire ; il n'est pas jusqu'à la passion qui a occupé les dernières années de sa vie qui ne soit teintée de ridicule, quoiqu'elle soit presque touchante par sa naïveté.

A l'époque de la Fronde elle a vingt ans ; elle a de

la beauté et dans ses *Mémoires* ne se fait pas faute
de le dire ; elle a surtout grand air ; avec cela une
très bonne constitution qui lui permet de supporter
les plus grandes fatigues ; beaucoup d'orgueil, de courage, en un mot des qualités qui ont de la grandeur.
Son immense fortune lui venait de sa mère, la duchesse de Montpensier.

Elle nous a laissé des *Mémoires* très véridiques ;
où elle s'exprime avec une parfaite franchise et de
temps en temps avec une ingénuité véritable qui fait
sourire : elle avoue naïvement toutes les prétentions
qu'elle a eues et la haute opinion qu'elle avait d'elle-
même. Il avait été question pour elle de plusieurs mariages princiers, d'abord avec Louis XIV, beaucoup
plus jeune qu'elle, puis avec le prince de Galles, le
futur Charles II, exilé par la révolution de 1648, mais
on espérait qu'il retrouverait son trône ; elle songea
même à épouser l'Empereur. Elle nous raconte à ce
propos une fête où elle parut avec tout l'éclat de son
rang : « L'on fut trois jours entiers à accommoder ma
parure ; ma robe était toute chamarrée de diamants
avec des houppes incarnat, blanc et noir ; j'avais sur
moi toutes les pierreries de la Couronne et de la reine
d'Angleterre, qui en avait encore en ce temps-là quelques-unes de reste. L'on ne peut rien voir de mieux
ni de plus magnifiquement paré que je l'étais ce jour-
là, et je ne manquai pas de trouver beaucoup de jeunes gens qui surent me dire assez à propos que ma
belle taille, ma bonne mine, ma blancheur et l'éclat
de mes cheveux blonds, ne me paraient pas moins
que toutes les richesses qui brillaient sur ma personne. »

On dansa sur un grand théâtre éclairé ; au milieu
et au fond, il y avait un trône élevé de trois marches
et surmonté d'un dais :

« Le roi (Louis XIV) ni le prince de Galles (depuis
Charles II) ne se voulurent point mettre sur ce trône ;

j'y demeurai seule, de sorte que je vis à mes pieds ces deux princes et ce qu'il y avait de princesses à la Cour. Je ne me sentis point gênée en cette place... Tout le monde ne manqua pas de me dire que je n'avais jamais paru moins contrainte que sur ce trône, et que, comme j'étais de race à l'occuper, lorsque je serais en possession d'un où j'aurais à demeurer plus longtemps qu'au bal, j'y serais encore avec plus de liberté qu'en celui-là. Pendant que j'étais là et que le prince était à mes pieds, mon cœur le regardait du haut en bas aussi bien que mes yeux; j'avais alors, dans l'esprit, d'épouser l'empereur... Je ne regardais plus le prince de Galles que comme un objet de pitié. »

Malgré ce beau dédain en voyant de simples rois à ses pieds, elle n'épousa ni Louis XIV, ni le prince de Galles, ni l'empereur et elle resta très longtemps sans se marier, trouvant assez agréable d'ailleurs cette situation indépendante; en bonne précieuse, elle pensait que pour une femme l'amour est une faiblesse. A la fin de sa vie, elle revint de sa belle fierté et après avoir regardé du haut en bas le prince de Galles, il lui arriva de s'éprendre tout simplement à un gentilhomme gascon.

Elle paraît avoir été jetée dans la Fronde par son antipathie pour Mazarin; tout ennemi de Mazarin eut naturellement sa sympathie; mais que voulait-elle au juste? Il est difficile de le dire.

Elle part en guerre, se met à la tête d'une armée, afin de reprendre Orléans; elle arrive à cheval, accompagnée de belles dames qui était ses maréchales de camp et décide de faire un coup d'audace. Elle passe la Loire, arrive en un endroit des murailles où une porte ne tenait plus beaucoup, y fait ouvrir un trou et entre ainsi dans la ville par une escalade pittoresque; on l'acclame, car elle était très populaire; elle prend part à des conseils de guerre; on la complimente; pour un peu on lui attribuerait le génie de Condé, qui lui écrit lui-même : ... « C'est un coup qui n'appartient qu'à vous, et qui est de la dernière importance. » Comme on rendait compte à Condé d'un Conseil de guerre auquel elle avait assisté et où elle avait donné son avis : « Monsieur le Prince dit que les résolutions prises dans un Conseil où j'avais bien voulu être devaient être suivies, quand elles ne seraient pas bonnes, mais que celles que l'on avait prises étaient telles que le Roi de Suède (Gustave-Adolphe) n'eût pu mieux prendre son parti, et que, pour lui, il l'aurait fait quand je ne l'aurais pas ordonné. »

Elle s'imagine qu'elle a un véritable génie militaire, à la hauteur de celui de Gustave-Adolphe, roi de Suède. Cela fait sourire, mais en tous cas, ce qu'on ne peut pas nier, c'est sa vaillance. Ses amis ne manquèrent pas, bien entendu, de la comparer à la Pucelle. Elle finit par se lasser de son rôle et revint à Paris où une immense foule se porta à sa rencontre et lui fit une ovation. On la voit ensuite agir encore en chef militaire au combat du faubourg Saint-Antoine, où Condé et ses partisans, poursuivis par les troupes royales et acculés aux murailles de Paris, se trouvaient dans une situation extrêmement dangereuse. La Grande Mademoiselle, toujours très populaire dans Paris, obtint du prévôt des marchands qu'on ouvrit la porte Saint-Antoine; alors Condé et un grand nombre de gentilhommes purent entrer dans la ville et furent sauvés; pour achever la victoire la Grande Mademoiselle ordonna de tirer le canon de la Bastille sur les troupes royales.

Mais lorsque nous regardons ces brillantes actions au point de vue politique, nous sommes obligés de dire qu'on n'en voit pas le but. Le plus clair résultat de la Fronde, ce fut une abominable misère pour la France.

A partir de ce moment, la Grande Mademoiselle

n'a plus aucune raison de jouer à l'héroïne ; elle prend alors un autre rôle ; elle préside à des réceptions littéraires au Luxembourg ; c'est chez elle qu'il était à la mode de faire des portraits. Elle écrit ses Mémoires et aussi des romans. Puis tout à coup il lui arrive cette étrange aventure : après avoir toujours déclaré que l'amour est une faiblesse, pour une grande princesse surtout, voici qu'elle rencontre un jeune seigneur gascon, Lauzun ; elle lui trouve un charme tout particulier, des qualités, des vertus, de l'esprit. Lauzun paraît bien ne pas avoir manqué d'esprit en effet ni surtout de sens pratique. Lorsqu'il vit qu'il était distingué par une personne comme la Grande Mademoiselle, la plus riche héritière de France, il sut manœuvrer très adroitement. Un moins habile se serait montré touché ; il joue l'indifférence ; si bien que la pauvre Mademoiselle s'ingénie de toutes manières à faire déclarer Lauzun, qui se dérobe toujours ; c'est une stratégie amusante. Mademoiselle raconte naïvement dans ses Mémoires tous ses efforts pour obtenir un aveu, et comme quoi elle finit par faire elle-même une déclaration à Lauzun. Elle qui ne voulait pas épouser un roi, parce qu'il existait dans le monde des empereurs, la voilà décidée à épouser ce petit gentilhomme. Mais il s'agissait d'obtenir le consentement du roi et ce n'était pas chose facile parce que Lauzun avait des ennemis à la cour, entre autres Mme de Montespan. Le roi cependant se laisse circonvenir et il accorde la permission. On se rappelle à ce sujet une lettre très connue de Mme de Sévigné. Mais la permission accordée est retirée au bout de quelques jours, et un an après, Lauzun, sans qu'il ait jamais pu savoir pourquoi, est saisi, mis en prison, enfermé au château de Pignerol où il resta dix ans. Ce fut pour la Grande Mademoiselle l'occasion d'un désespoir dont elle fit un éclat qu'on trouva un peu ridicule. Cependant elle mérite notre estime par sa constance, son dévouement. Il est probable qu'un mariage secret fut conclu entre eux avant le départ de Lauzun. Tant qu'il fut captif, elle ne cessa d'agir pour obtenir sa mise en liberté. Elle y sacrifia une grande partie de ses biens. Il finit par sortir de prison, mais la Grande Mademoiselle ne fut pas récompensée de sa fidélité ; Lauzun se montra dur et désagréable pour elle. Marié, il n'avait plus rien à ménager et la pauvre héroïne dut se rendre compte qu'il n'avait pas apporté grand amour dans cette belle aventure, mais une pensée d'intérêt assez basse. Ainsi elle dut peu à peu le faire descendre du piédestal où elle l'avait mis. Elle mourut à 66 ans et Lauzun se remaria.

Mme Arvéde Barine a consacré il y a peu de temps à la Grande Mademoiselle un intéressant ouvrage.

Ces guerres civiles de la Fronde qui coïncidaient avec la guerre étrangère, car on était en pleine guerre de Trente ans, ont amené en France une misère effroyable ; les lettres du temps nous apprennent que dans les provinces et particulièrement dans les provinces occupées par les armées, la Lorraine, la Picardie, quantité de malheureux mouraient de faim ; des épidémies enlevaient des villages entiers ; à Saint-Mihiel en Lorraine, écrit un missionnaire, « il y en a plus de cent qui semblent des squelettes couverts de peau, et si affreux que, si Notre-Seigneur ne me soutenait, je ne les oserais regarder ; ils ont la peau comme du marbre basané, et tellement retirée que les dents leur paraissent toutes sèches et découvertes, et les yeux et le visage tout refrognés. Enfin c'est la chose la plus épouvantable qui se puisse jamais voir ».

En même temps, ceux qui étaient cause de toutes ces horreurs, les soldats, n'étaient pas plus heureux ; il faut songer que dans les guerres d'autrefois il n'y avait pas d'organisation des subsistances ; l'armée vivait sur le pays et quand une guerre se faisait sur le territoire national, non seulement les étrangers étaient des fléaux pour la population, mais les troupes nationales elles-mêmes; il fallait bien qu'elles trouvassent leur nourriture. Parmi ces pauvres soldats se trouvaient des blessés, des malades; ils restaient sur les routes et personne ne s'occupait d'eux.

C'est au milieu de toutes ces misères qu'on vit paraître saint Vincent de Paul, véritable apôtre de la charité, et si nous parlons de lui ici, c'est parce que dans son œuvre admirable il a eu pour collaboratrices un grand nombre de femmes de cœur.

Il avait fondé d'abord l'Œuvre des Missions pour instruire dans la religion les pauvres paysans, car les voyages qu'il avait faits dans les provinces lui avaient montré quelle était à ce point de vue l'ignorance profonde du peuple des campagnes. Dans cette œuvre, il fut aidé par Mme de Gondi.

Pour le soulagement de l'affreuse misère des provinces, il réunit à Paris un certain nombre de dames qui prirent le nom de *Dames de la Charité*; et bientôt on les vit à l'œuvre. Elles donnent le plus qu'elles peuvent, elles vendent leurs bijoux, font des distributions de nourriture à Paris; elles envoient du pain, des vêtements, des médicaments dans les provinces, même des outils pour les paysans et des semailles. A Paris, elles soignent elles-mêmes les malades; c'était la première réunion de femmes se consacrant entièrement au soulagement des malheureux.

Elles secondèrent encore saint Vincent de Paul dans ses autres œuvres : un hôpital pour les vieillards, un asile pour les mendiants et vagabonds.

Il y a surtout une œuvre à laquelle saint Vincent de Paul a attaché son nom, c'est l'œuvre des *Enfants trouvés*. Il y avait alors une grande quantité d'enfants abandonnés par leurs parents trop misérables pour les nourrir. On en ramassait tous les ans 3 ou 400 dans Paris, et ils étaient si mal traités qu'ils mouraient presque tous. Saint Vincent de Paul prit leur cause en main ; c'est pourquoi on le représente géné-ralement ramenant dans sa robe deux ou trois pauvres petits êtres ramassés dans la rue. Dans cette œuvre il fut encore aidé par les femmes. Le principal rôle ici appartient à Mme Legras — (elle était mariée, mais à cette époque il fallait pour porter le titre de Madame, un certain degré de noblesse ; or Mme Legras était de famille noble mais elle avait épousé un homme qui ne l'était pas et elle n'avait pas droit au titre de Madame). On commença par recueillir douze enfants, puis on augmenta ce nombre. Mais bientôt les ressources manquèrent. Fallait-il abandonner l'œuvre ? Dans l'assemblée générale qui fut tenue, saint Vincent de Paul, s'adressant aux dames, s'écria : « Leur sort est entre vos mains ; décidez si vous voulez qu'ils vivent ou qu'ils meurent ! » Sa parole émut tellement qu'on résolut de garder les enfants ; on s'ingénia pour trouver de nouvelles ressources ; et c'est ainsi que fut fondé l'hôpital des Enfants trouvés.

Saint Vincent de Paul était le promoteur de toutes ces œuvres, mais il n'aurait pas pu les réaliser s'il n'avait pas été aidé par ces femmes généreuses.

Une de ses plus belles créations fut celle des *Filles de la Charité*, connues alors du peuple sous le nom de *Sœurs grises* et qu'on appelle aujourd'hui encore *Sœurs de charité* ; elles portent toujours le costume que saint Vincent de Paul leur a donné ; c'était au xviie siècle la robe et la cornette des femmes d'humble condition.

Cet ordre nouveau ne fut pas à l'origine un véritable ordre religieux ; aujourd'hui encore elles ne sont pas cloîtrées et elles mènent une vie beaucoup plus libre que les autres religieuses parce que, avant tout, elles doivent soulager les misères et aller trouver les malheureux. Saint Vincent de Paul le dit lui-même :

« Elles considéreront qu'encore qu'elles ne soient pas dans une religion (c'est-à-dire un *ordre religieux*), cet état n'étant pas convenable aux emplois de leur vocation, néanmoins parce qu'elles sont beaucoup plus exposées que les religieuses cloitrées et grillées, n'ayant pour monastère que les maisons des malades, pour cellule quelque pauvre chambre ; pour chapelle, l'église paroissiale ; pour cloître, les rues de la ville ; pour clôture, l'obéissance ; pour grille, la crainte de Dieu ; et pour voile, la sainte modestie — pour toutes ces considérations elles doivent avoir autant et plus de vertu que si elles étaient professes dans un ordre religieux. »

Et comme certaines personnes tendaient à transformer cette société en un ordre religieux ordinaire, il s'écria : « Si l'ordre va dans ce sens là, il sera bientôt à l'extrème-onction ».

Au milieu des lamentables misères du temps, les Filles de la Charité ne manquaient pas d'occasions d'exercer leur ministère. Aussi on les voit partout. Elles recueillent les enfants trouvés, elles instruisent les enfants du peuple, elles secourent les pauvres. Elles soignent les malades, les pauvres soldats, les pestiférés ; plusieurs succombent dans les épidémies, mais on trouve aussitôt de nouvelles sœurs qui s'offrent à venir prendre la place. Elles soignent jusqu'aux galériens, ces condamnés qui étaient traités d'une manière si inhumaine, ramant continuellement sous le fouet. Saint Vincent de Paul a été ému de leurs maux, il étend sa charité jusque sur ces pauvres malheureux dont personne ne se soucie ; il crée un hôpital pour eux et c'est encore une nouvelle tâche pour les Sœurs grises.

Voilà donc tout un développement de vie féminine au xviiᵉ siècle qui nous éloigne un peu de la belle existence des Précieuses, mais c'est peut-être le plus intéressant de tous. On peut se demander si ces sortes d'œuvres n'entrent pas naturellement dans la vocation des femmes. A toutes les époques on a vu surgir de ces dévouements féminins; elles ne vont pas à la guerre, elles soignent les malades et les blessés. Cette vocation a trouvé aujourd'hui son organisation dans l'œuvre de la Croix-Rouge, créée à l'origine uniquement pour les maux de la guerre et qui a pris ensuite une extension plus grande. On a pensé avec raison que pour se préparer à soulager les maux de la guerre il n'était pas mauvais de s'exercer dans les maux de la paix, et c'est ainsi que maintenant, toutes les fois qu'il y a un malheur public, comme par exemple la catastrophe de Messine, et actuellement les inondations de Paris, on voit la Croix-Rouge s'organiser pour porter secours à tous les malheureux.

Parmi ceux qui vinrent en aide aux œuvres de saint Vincent de Paul, on cite des personnes qui se rattachaient au parti des Jansénistes de Port-Royal, solitaires, religieuses, grandes dames; il y a sur ce sujet des lettres de la mère Angélique, et cela nous amène à dire quelques mots de ces célèbres religieuses.

Elles n'étaient pas, nous venons de le voir, étrangères aux œuvres de charité; mais elles se consacraient surtout à la dévotion pure, à la prière; elles s'occupaient aussi de l'éducation des jeunes filles. Le monastère avait été réformé par Angélique Arnauld, qu'on appelle la mère Angélique. Elle appartenait à une famille où les caractères étaient remarquables par leur hauteur, leur vaillance et aussi par cette espèce d'intransigeance qui ne permet aucun compromis avec le mal. La mère Angélique avait un frère, le grand Arnauld, qui, dans la querelle des Jésuites et des Jansénistes, se montra particulièrement irréductible et pour qui ses ennemis eux-mêmes avaient de l'estime et de la vénération. Nous n'avons pas à entrer dans la querelle dogmatique qui a séparé les

Jésuites des Jansénistes, quoique les religieuses de Port-Royal ne craignissent pas de se mêler de théologie ; c'était même un des reproches qu'on leur adressait ; mais ce qui nous intéresse c'est le caractère de ces religieuses. Peu nous importe ici de savoir si les Jansénistes avaient raison au point de vue dogmatique ; les discussions étaient si subtiles que par moments on se demandait où étaient les différences ; mais pour les Jansénistes, il s'agissait de garder la vérité intacte.

Ce qui est remarquable dans ce parti, c'est que les femmes ont été à la hauteur des hommes. Il y a là plusieurs personnages féminins qui seraient dignes d'une longue étude : la mère Angélique, d'abord, puis la célèbre Jacqueline Pascal, sœur du grand Pascal : sœur par la nature et par le caractère, par le sentiment passionné qu'elle apporte dans les choses religieuses. Ce qui nous intéresse là c'est l'idée extrèmement haute que ces femmes se faisaient de la religion et leur résolution de se sacrifier pour la vérité.

Les Jansénistes étaient suspects au gouvernement. Tous les gouvernements redoutent les caractères forts, les âmes libres qui ne prennent le mot d'ordre que de leur conscience. On disait des religieuses de Port-Royal qu'elles étaient « pures comme des anges et orgueilleuses comme des démons ». Les gouvernements appellent volontiers *orgueil* la fierté qui échappe à leur prise. Les Jansénistes n'étaient ni des factieux, ni des révolutionnaires, mais quand ils pensaient que la vérité était engagée dans ce qu'on leur demandait, ils auraient souffert la mort.

Ce qui est remarquable encore, c'est le nombre de personnes de valeur qui furent alors amies des Jansénistes : Mme de Sévigné ; Racine, qui, élevé par eux, a retrouvé, après un moment d'écart, sa fidélité à ses anciens maîtres et la leur a toujours témoignée ; Boileau, qui composa pour le grand

Arnauld une si belle épitaphe. Et quand on étudie le XVIIᵉ siècle, il est bien difficile de ne pas être avec eux, non pas, encore une fois, au point de vue des doctrines que nous n'avons pas à apprécier ici, mais au point de vue des caractères.

Les Jansénistes furent accusés d'hérésie. On voulut leur imposer la signature d'un formulaire conçu dans des termes qui, à la rigueur, auraient pu être acceptés pas un Janséniste conciliant; mais les Jansénistes n'étaient guère conciliants. Les femmes se montrèrent encore plus opiniâtres que les hommes. « Je sais bien, écrit Jacqueline Pascal, que ce n'est pas « à des filles, à défendre la vérité, quoique l'on peut « dire par une triste rencontre que puisque les évêques « ont des courages de filles, les filles doivent avoir des « courages d'évêques; mais si ce n'est pas à nous à « défendre la vérité, c'est à nous à mourir pour la « vérité et à souffrir plutôt toutes choses que de l'aban- « donner. »

Et en effet signer le formulaire, pour ces religieuses c'était, sinon trahir la vérité, du moins se prêter à une équivoque.

Jacqueline Pascal avait été convertie par son frère; il était retourné dans le monde; ensuite ce fut elle à son tour qui le convertit.

Il y a sur ce sujet du Jansénisme une lecture très intéressante à faire, c'est celle du *Port-Royal*, de Sainte-Beuve. On y trouve toute une galerie de caractères admirables; ce sont des héros de la vérité; et en même temps modestes, combattant pour Dieu, s'effaçant eux-mêmes.

Quand les Jansénistes furent condamnés, la persécution commença; on ferma le monastère, on dispersa les religieuses, les novices, les pensionnaires des écoles attenantes au monastère. Jacqueline Pascal s'était occupée de ces écoles, elle avait établi un règlement célèbre, d'une sévérité toute janséniste.

Au point de vue des études, on apprenait peu de chose aux enfants, mais on les instruisait dans la piété. Et malgré l'austérité excessive de cette éducation, on y sentait un grand et profond amour pour ces enfants, avec l'ardent désir de les diriger dans la voie du salut.

Ainsi il y a eu au XVIIe siècle des femmes qui ont brillé par leurs nobles qualités et par les œuvres auxquelles elles consacraient leur vie.

D'autres ont brillé par leur mérite littéraire, et parmi celles-là nous citerons surtout Mme de La Fayette et Mlle de Sévigné. Elles ont toutes deux beaucoup de qualités de caractère et de cœur, et ce qui les achève, c'est qu'elles ont été amies.

Mme de La Fayette a écrit un célèbre roman, *La princesse de Clèves*, mais ce n'est pas un roman à grandes aventures, à longues dissertations; c'est un roman très simple, presque sans événements. La princesse de Clèves a épousé un homme qu'elle estime, qui mérite cette estime, mais pour qui elle n'a pas d'amour. Elle rencontre en M. de Nemours celui qu'elle pouvait aimer et qu'en effet elle aime; mais elle n'a pas un instant l'idée de céder à cette passion. Effrayée de ce qu'elle sent, se redoutant elle-même, elle prend un parti extraordinaire : elle fait à son mari un aveu indirect, mais clair, et lui demande de l'aider à se vaincre et de lui permettre de ne plus paraître à la cour. Cet aveu a quelque chose d'un peu difficile à soutenir pour un mari. Le prince de Clèves est saisi à la fois d'admiration et de douleur. Sa propre générosité lui donne toute confiance en sa femme, en même temps qu'il est désespéré de voir qu'elle peut éprouver pour un autre des sentiments qu'elle n'éprouve pas pour lui, mais qu'il avait cru qu'elle ne pouvait éprouver pour personne.

M. de Nemours qui se trouvait par hasard près de là a entendu la confidence; il en résulte que cette histoire sentimentale se complique de nouveaux incidents, sans que jamais Mme de Clèves permette à M. de Nemours de lui parler de sa passion. Cependant sur de fausses apparences M. de Clèves en arrive à croire que sa femme lui a été infidèle, et il en meurt de douleur. La princesse de Clèves se trouve libre; elle n'a rien à se reprocher, mais elle refuse d'épouser M. de Nemours parce qu'elle juge qu'il a en partie causé la mort de son mari et qu'elle s'en rendrait complice elle-même en l'épousant.

Ce qui fait le grand charme de ce roman, c'est la délicatesse des sentiments amoureux, les fines nuances, l'analyse des mouvements secrets et involontaires du cœur, et en même temps ce souci d'honneur et de loyauté. Tout se passe en silences, en demi-teintes; les choses sont devinées encore plus qu'exprimées; c'est l'entente des cœurs, à travers le parti pris de ne pas s'entendre. Tout est sobre, discret, distingué. Il est vrai, un des principaux mobiles de cette conduite irréprochable de Mme de Clèves, c'est le souci de sa réputation, c'est la *gloire* (pour employer un mot de Corneille); — mais c'est aussi le véritable honneur intérieur, qui répugne à toute déchéance.

On dit que les femmes dans leurs romans se peignent toujours un peu elles-mêmes. S'il en est ainsi, le roman de la *Princesse de Clèves* nous donne une haute idée de Mme de La Fayette et nous montre en elle une personne chez qui la raison et une vue claire du bien dominent les entrainements du cœur.

DIX-NEUVIÈME CONFÉRENCE

24 FÉVRIER 1910

MADAME DE SÉVIGNÉ. — MADAME DE MAINTENON

ET L'ÉDUCATION DES FILLES

Mesdames,

Pour terminer ce que nous disions la dernière fois sur les femmes écrivains au XVIIe siècle, il nous reste à parler de Mme de Sévigné. Ce n'est pas que nous devions lui consacrer beaucoup de temps ; cela conviendrait si nos conférences avaient pour sujet la littérature ; mais nous voulons seulement ici prendre la vie féminine aux diverses époques, et de même que nous avons étudié les Précieuses et les Frondeuses, nous faisons une place à quelques femmes célèbres par leurs écrits. A ce titre, Mme de Sévigné ne doit pas être oubliée.

Mme de Sévigné n'est nullement une *femme de lettres* dans le sens ordinaire du mot. Son œuvre, c'est tout simplement sa correspondance. Nous trouverons en elle une femme du monde, agréable, cultivée, spirituelle ; mais nous avons la chance que, au lieu que son esprit se soit uniquement exprimé dans la conversation des salons, pour réjouir les contemporains et être ensuite perdu à jamais, il s'est aussi exprimé dans une vraie conversation écrite, et nous pouvons en jouir aujourd'hui. Mme de Sévigné nous apparaît avec quelque chose de très gai, de très libre, de très primesautier ; elle a beaucoup d'esprit et un esprit qui se tourne volontiers vers les peintures amusantes et comiques, chose assez rare chez les femmes. Les femmes ont souvent, tout comme les hommes, l'esprit de moquerie ; mais le génie comique et satirique est quelque chose de peu féminin. Les femmes intelligentes très souvent, se distinguent par leur sérieux, telles Mme de Maintenon, Mme de Staël, George Sand. Mme de Sévigné, elle, a ce quelque chose de léger, de gai, qui se promène sur les choses et montre qu'on n'y est pas entièrement engagé, mais qu'on conserve assez de liberté d'esprit pour les regarder comme un spectacle. Cette gaieté fait un des charmes des lettres de Mme de Sévigné, surtout à notre époque où il est plutôt de mode d'être pessimiste ; de temps en temps il est bon de penser que cette condition humaine si triste comporte encore quelques consolations. A cet égard rien n'est plus agréable que les lettres de Mme de Sévigné, lumineuses, pétillantes, ensoleillées, où l'on trouve le rire et la joie. Ce n'est pas qu'elle manque de sérieux, mais il y a moyen de vivre très sérieusement et de conserver la gaieté.

En dehors de son grand amour pour sa fille où elle multiplie les expressions de tendresse, Mme de Sévigné est peu sentimentale. Ce n'est pas qu'elle ne soit touchée assez profondément de certaines choses, par exemple de la beauté de la nature et de la religion ; seulement chez elle, ces sentiments passent, si l'on peut dire, par l'esprit. Cet intellectualisme, rare aussi chez les femmes, est un autre charme de Mme de Sévigné ; mais à l'analyser on le détruirait.

Outre que les lettres de Mme de Sévigné sont char-
mantes, gaies, vives, variées, elles ont l'avantage
d'être un document précieux ; c'est un tableau de la
société du temps de Louis XIV.

Mme de Sévigné était la petite-fille d'une sainte, sainte
Jeanne de Chantal, qui avait subi l'influence de saint
François de Sales ; il n'est donc pas étonnant qu'elle
ait aussi de la piété, mais c'est une piété raisonnable,
qui n'a rien de mystique, et cependant une piété
solide et vraie. On en peut juger par les lectures auxquelles elle se livrait ; il n'y a pas beaucoup de
femmes de nos jours qui en feraient de pareilles ;
elle ne recule pas devant la lecture de saint Augustin, et où sont aujourd'hui les femmes qui liraient saint
Augustin ? Mme de Sévigné s'y plaît ; elle fait aussi
ses délices de la morale de Nicole, elle admire Pascal, elle a une sympathie pour Port-Royal ; bien qu'elle
ne se soit jamais posée comme Janséniste, elle est liée
avec quelques jansénistes connus.

Si Mme de Sévigné a cet esprit solide et une instruction qui comporte non seulement l'italien et l'espagnol, mais encore le latin, cette instruction ne lui
donne rien de prétentieux ni de pédant. Elle n'est pas
toujours aussi éloignée de la préciosité, mais cela
n'a rien d'étonnant puisque des traces du langage
des précieuses se retrouvent jusque dans Corneille et
Racine. Mme de Sévigné est en somme un type charmant de femme ; surtout c'est une véritable Française.
Il est flatteur pour les Françaises du xviie siècle d'être
représentées par Mme de Sévigné, mais il ne faudrait
pas trop s'imaginer qu'elles fussent toutes sur ce
modèle. Sans doute qu'à cette époque comme aujour-
d'hui, il était rare de trouver une femme à la fois
instruite, spirituelle, gaie, charmante, en même temps
que sérieuse et capable de sentiments profonds.

Nous n'étudions pas ici Mme de Sévigné comme
écrivain, bien que ce soit la principale partie de sa

gloire ; disons seulement qu'elle a eu surtout un don extraordinaire d'imagination pour se représenter les choses vivement et pour les peindre d'une façon concrète, peu commune chez les femmes, une façon *objective*. Il y a de l'imagination chez d'autres femmes, Mme de Staël, Georges Sand, mais une imagination subjective ; c'est leur propre pensée qui s'exhale ; chez Mme de Sévigné il y a de ce désintéressement de l'artiste qui regarde les choses en dehors de soi.

Voici maintenant une autre personne qui a joué un grand rôle au XVIIe siècle, dans la seconde moitié du règne de Louis XIV, bien différente de Mme de Sévigné et beaucoup moins sympathique, c'est Mme de Maintenon. Elle a eu une destinée extraordinaire ; sa vie a été un chef-d'œuvre de politique. Elle est partie de bas et en manœuvrant elle est arrivée si haut qu'il est impossible qu'on n'éprouve pas devant cette carrière si réussie, une espèce de méfiance. Nous savons bien que le mérite parfois est reconnu et s'impose ; mais Mme de Maintenon ne s'est pas imposée, elle s'est insinuée, par des voies un peu souterraines. Elle a toujours su rester irréprochable, à aucun moment on ne peut dire qu'elle ait intrigué, qu'elle ait fait des bassesses ; elle est insaisissable, mais on a le sentiment que quoiqu'elle ait toutes les apparences de la droiture, cette droiture est une comédie. Elle a eu des ennemis terribles, par exemple Saint-Simon, elle est une des personnes qu'il a le plus détestées, et il a un génie tout particulier pour peindre ceux qu'il déteste ; mais elle a eu aussi des partisans, par exemple Racine. Même après sa mort, elle a encore suscité des querelles.

Elle appartenait à une famille de noblesse pauvre ; elle était la petite-fille du célèbre chef protestant Agrippa d'Aubigné ; élevée dans la religion protestante, elle se convertit au catholicisme, et plus tard elle fut au premier rang du parti qui persécutait les protestants. Après une enfance passée dans la gêne et même la pauvreté, elle fut épousée, par pitié, par le poète Scarron, qui était une caricature vivante. Elle fut entourée chez lui d'une petite cour de gens d'esprit; elle se lia aussi avec les précieuses, et subit leur influence. Après la mort de Scarron, on la voit s'insinuer dans l'entourage royal et arriver à cette chose extraordinaire, la conclusion d'un mariage secret avec Louis XIV, le grand roi, le symbole même de la royauté, qui se faisait une idée si haute de sa toute-puissance, et que toute l'Europe regardait comme un être en dehors du commun. Comment a-t-elle fait? Ce n'est certainement pas un coup du ciel, c'est elle-même qui a été l'artisan de sa fortune. Elle a su se donner une réputation irréprochable ; elle avait la conviction que la vertu est la meilleure des politiques; mais quel est le principe de sa vertu? « Je voulais surtout avoir une bonne réputation » ; voilà ce qu'elle dit elle-même. Ce sentiment n'est pas extrêmement élevé car si un jour il fallait pour acquérir de la réputation manquer de vertu, qu'arriverait-il? Elle a su avant tout employer des vertus utiles, comme la bienveillance envers les autres, une obligeance constante, l'art de supporter les gens, de faire pour eux tout ce qui peut leur servir. De cette manière on se fait des partisans; ce fut l'habileté de Mme de Maintenon. Dans une situation très modeste, elle a su toujours rendre service, ne pas prendre garde à sa peine; il y a eu en elle un peu du génie de ces personnes subalternes qui arrivent quelquefois dans une maison à devenir maîtresses, à force de bien servir.

Elle avait accepté d'élever les enfants illégitimes de Louis XIV et de Mme de Montespan; elle était donc tout d'abord en bons termes avec Mme de Montespan, qu'ensuite elle écarta. Dans cette situation elle eut l'art de se rendre indispensable, agréable, charmante; elle avait commencé par déplaire beaucoup à

Louis XIV, puis peu à peu, à force d'obligeance, et de simplicité, elle finit par se faire accepter et par conquérir tout à fait la sympathie du roi. A ce moment une rivalité commence entre les deux femmes. Peut-être Mme de Maintenon se crut désignée par le ciel pour convertir le roi et l'arracher à sa vie scandaleuse avec Mme de Montespan, du vivant même de la reine. Elle ne pouvait encore à ce moment rêver à la fortune qui lui échut plus tard. Mais voilà que la reine meurt, au bon moment, en 1683. C'était une figure très effacée; malgré son amour passionné pour son mari, elle n'avait jamais joué aucun rôle. Il est probable que ce fut dans le courant de cette même année que Louis XIV conclut avec Mme de Maintenon un mariage secret qui ne fut jamais déclaré, si bien que la situation de Mme de Maintenon à la cour était une véritable énigme pour ceux qui n'étaient pas dans le secret ; elle fut d'ailleurs acceptée de tout le monde sans peine ; on avait bien accepté Mme de Montespan ; il était encore plus facile d'accepter le rôle d'une femme qui ne se posait que comme le défenseur de la religion et de toutes les vertus.

Pendant longtemps les historiens ont pensé qu'elle devait être accusée de toute la politique intolérante de la fin du règne et en particulier de la révocation de l'Edit de Nantes. Plus tard on prétendit qu'elle ne s'était pas mêlée de ces affaires, parce que, disait-on, elle n'avait jamais eu d'autre souci que celui de maintenir sa faveur personnelle et elle n'aurait pas commis l'imprudence de se mêler à des questions sur lesquelles d'ailleurs le roi avait sa résolution arrêtée. Ceci serait plutôt une aggravation qu'une excuse. On peut estimer les sectaires pleins d'intolérance, mais convaincus ; on n'estime guère ces esprits froids qui n'ont jamais en vue que leur propre intérêt. Mais aujourd'hui on ne peut plus nier qu'elle n'ait, en effet, agi. La Révolution de l'Édit de Nantes ne fut pas son œuvre, mais elle ne s'y opposa pas, et même elle y applaudit, quoiqu'elle ait exprimé quelques réserves sur les excès commis. Cela suffit pour qu'on flétrisse son attitude, odieuse chez une petite-fille d'Agrippa d'Aubigné. Au reste elle fut pour beaucoup dans la couleur bigote et dévote que prit alors la cour, et dans toute la direction de la politique intérieure d'alors, pleine d'étroitesse et d'intolérance. Elle était au courant de tout, donnait son avis, influait sur le choix des personnes, et ces choix furent vraiment malheureux ; elle ne déterminait ses préférences que sur des raisons mesquines. A cette époque, pour faire sa cour il fallait être dévot ; aussi tous affectaient la dévotion, et ce fut le règne de l'hypocrisie.

On a fait honneur à Mme de Maintenon d'avoir arrêté les désordres de Louis XIV. Certes il fut plus décent pour Louis XIV de terminer sa vie avec une épouse morganatique comme Mme de Maintenon qu'avec une favorite comme Mme du Barry. La cour finissante du grand règne eut ainsi une certaine tenue. Mais après tout Mme de Maintenon était la première à bénéficier de la chose, et il n'y a pas à lui en faire un mérite.

Au reste tout le monde est d'accord pour trouver qu'il y a quelque chose d'antipathique dans ce caractère et que toute cette carrière, si habile, laisse une impression équivoque. Il est difficile de la croire désintéressée, généreuse, sincère.

Dans sa haute situation Mme de Maintenon s'ennuyait prodigieusement. Cela, a-t-on dit est à son honneur. Cet ennui et ce dégoût au milieu des grandeurs n'est pas d'une âme médiocre. Pour moi, au contraire, je vois là, chez Mme de Maintenon, une des plus fortes preuves de la médiocrité de son âme. Ce dégoût est beau quand il est l'effet d'une passion religieuse qui a soif des choses célestes, ou d'une philosophie à la Marc-Aurèle. Mais alors de deux choses l'une : ou l'on quitte ces grandeurs qu'on méprise, ou l'on juge qu'il est de devoir de continuer à remplir sa charge, et alors on essaie de s'y intéresser en réalisant le plus de bien possible. Mais bien loin de jamais songer à quitter ces grandeurs, Mme de Maintenon a tout fait pour s'y établir solidement. Seulement elle n'en sent pas le véritable prix. Ce qui était beau, ce n'était pas d'avoir une situation qui la mettait au-dessus de toutes les femmes du royaume, c'était d'être associée à la conduite des plus grandes affaires de France, à celles quelquefois où la vie même du pays était engagée. Et certainement il y avait là une source de tristesse et d'angoisse ; mais *l'ennui* !

Qu'est-ce qui la retenait dans cette situation où elle s'ennuyait ? C'était d'abord qu'elle se croyait destinée par Dieu à faire le salut du roi — et aussi que très probablement elle ne haïssait pas les grandeurs autant qu'elle le dit.

Elle allait se délasser de son ennui dans la maison qu'elle avait fondée, la célèbre maison de Saint-Cyr, où on élevait des jeunes filles nobles et pauvres aux frais du roi. Ce fut le grand intérêt de la vie de Mme de Maintenon.

Parmi ceux qui n'aiment pas Mme de Maintenon, il y en a beaucoup qui, lorsqu'ils arrivent à la question de Saint-Cyr, désarment ; ils pensent « qu'en une chose elle a eu du génie » et « qu'elle était née institutrice ». Ils admirent dans cette œuvre son bon sens, sa raison, son esprit pratique et sûr. Cette opinion n'est pourtant pas devenue celle de tout le monde. Il y a encore des gens pour ne pas admettre ce *génie éducatif* de Mme de Maintenon, parce qu'elle manque toujours un peu de cette flamme de générosité, de cet amour des grandes choses, qui sont dans toute œuvre d'éducation, d'importance primordiale. Tout ce qu'on accordera, c'est qu'elle a donné un exemple d'organisation administrative d'un pensionnat de filles.

Nous nous arrêterons un moment à cette question qui est tout à fait dans notre sujet. La maison de Saint-Cyr a été fondée par Mme de Maintenon pour élever 250 demoiselles pauvres et nobles, aux frais du roi. Elles entraient dans la maison entre 7 et 10 ans; elles y étaient gardées jusqu'à 20 ans ; en sortant elles recevaient une petite dot afin de pouvoir se marier ou entrer au couvent. La maison n'avait pas tout de suite été installée à Saint-Cyr, mais à Noisy; elle ne fut installée à Saint-Cyr que le jour où le roi consentit à lui donner tout son développement et où Mansart fut chargé de construire les bâtiments, en 1686.

La pensée de Mme de Maintenon est bien connue. Elle avait connu la misère de très près et elle voulut sauver de ce malheur un certain nombre de jeunes filles nobles. Ces jeunes filles, étant destinées à devenir des femmes du monde, ne sont pas à Saint-Cyr élevées pour le couvent, bien qu'elles puissent y entrer si elles le veulent. L'esprit de la maison est « laïque », sans préjudice, bien entendu, de la piété, mais une piété qu'on ne veut pas monastique. Ces jeunes filles sont élevées pour le « siècle » ; on veut qu'elles soient en état de bien parler, d'écrire, de tenir leur rang dans la société. A ce point de vue on a quelque faiblesse pour le bel esprit; on donne une grande place aux exercices de littérature ; on fait lire les poètes, on s'adresse à Lulli pour composer la musique; on s'inspire des conversations de Mlle de Scudéry. On voulait que ces jeunes filles eussent de l'élévation dans l'esprit, un certain tour de raillerie agréable; c'était, en un mot, une éducation toute mondaine et qui réussit trop bien ; les jeunes filles eurent très vite l'esprit railleur, le langage élégant et beaucoup de vanité. On jouait aussi la comédie, on déclamait. Le répertoire était assez mélangé : à côté des compositions très médiocres de Mme de Brinon, une

des maîtresses de Saint-Cyr, on jouait l'*Andromaque*
de Racine ; et même avec tant de conviction que
Mme de Maintenon trouva que les jeunes actrices rem-
plissaient trop bien ces rôles passionnés ; elle écrivit à
Racine que les élèves avaient joué *Andromaque*,
mais si bien qu'elles ne le joueraient plus.

C'est alors qu'elle eut l'idée — et en ceci elle rendit
service à la littérature — de demander à Racine de
composer pour les demoiselles de Saint-Cyr une
pièce qui ne pût exciter aucune crainte et qui fût tout
à l'honneur de la religion. Racine composa *Esther*
et plus tard *Athalie* (cette dernière pièce est regardée
par la plupart comme son chef-d'œuvre). Affranchi
des conditions ordinaires du théâtre, Racine, dans
Esther, se donna des libertés ; au lieu d'une grande
tragédie en cinq actes, il fit une tragédie qui n'en
avait que trois ; puis il saisit l'occasion d'essayer une
chose qui l'avait toujours tenté et qu'il n'aurait pas
eu l'audace de risquer sur une scène de théâtre ordinaire ; il introduisit un chœur parlant en vers lyriques
et en musique, comme dans la tragédie grecque. Le
succès le justifia, et il est heureux que Mme de Maintenon lui ait fourni cette occasion de donner libre
carrière à son génie.

La pièce fut donc jouée par les jeunes filles ; les
costumes avaient été préparés avec grand soin, la
musique des chœurs bien étudiée et les rôles furent
si bien remplis que cela fit un spectacle tout à fait
réussi et charmant. On voulut lui donner un certain
apparat : Le roi lui-même vint y assister entouré de
toute la cour. La joie d'être regardées et admirées
excita encore chez les jeunes filles le désir de paraître
et ce qui avait déjà été le résultat d'une éducation un
peu mondaine fut mené à sa perfection par ces représentations. Plus tard, *Athalie* succéda à *Esther*.

Mais Mme de Maintenon vit qu'en cherchant à faire
des femmes du monde, elle avait formé des jeunes

filles remplies d'elles-mêmes, ne songeant qu'à briller, faisant du bel esprit ; elle prit sa résolution très simplement : « Nous avons mal fait, il faut recommencer ». Voici ce qu'elle écrit à ce propos :

« La peine que j'ai sur les filles de Saint-Cyr ne se peut réparer que par le temps et par un changement entier de l'éducation que nous leur avons donnée jusqu'à cette heure ; il est bien juste que j'en souffre, puisque j'y ai contribué plus que personne et je serai bien heureuse si Dieu ne m'en punit pas plus sévèrement. Mon orgueil s'est répandu sur toute la maison, et le fond en est si grand qu'il l'emporte même par-dessus mes bonnes intentions. Dieu sait que j'ai voulu établir la vertu à Saint-Cyr ; mais j'ai bâti sur le sable. N'ayant point ce qui seul peut faire un fondement solide, j'ai voulu que les filles eussent de l'esprit, qu'on élevât leur cœur, qu'on formât leur raison ; j'ai réussi à ce dessein : elles ont de l'esprit, et elles s'en servent contre nous ; elles ont le cœur élevé, et sont plus fières et plus hautaines qu'il ne conviendrait de l'être aux plus grandes princesses ; à parler même selon le monde, nous avons formé leur raison, et fait des discoureuses, présomptueuses, curieuses, hardies..... de beaux esprits que nous-mêmes, qui les avons formées, ne pouvons souffrir ; voilà notre mal, et auquel j'ai plus de part que personne..... »

On peut louer Mme de Maintenon d'avoir si bien su avouer son erreur et accepter de défaire elle-même ce qu'elle avait organisé ; elle n'avait pas la vanité mesquine qui consiste à ne pas vouloir reconnaître qu'on a pu se tromper ; mais si on peut la louer d'avoir reconnu son erreur, on la louera beaucoup moins de la façon dont elle a apporté le remède : elle l'a fait avec un esprit étroit, sans cette générosité d'âme qui fait qu'on continue à croire que les choses qui sont par elles-mêmes belles et bonnes, comme la poésie, ne sont pas à bannir parce qu'elles ont été un jour une occasion de vanité pour quelques petites filles. Il était bon de supprimer les représentations publiques ; mais cela n'entraînait pas nécessairement un changement complet dans toute l'organisation de l'éducation.

Saint-Cyr devint un monastère ; les dames qui y instruisaient les jeunes filles furent rattachées à un ordre religieux, l'ordre des Augustines. Les programmes d'études furent réduits à leur plus simple expression : avant tout la religion, puis la lecture, l'écriture, le calcul très simple, la langue française, le dessin, la danse, un peu de musique, les ouvrages manuels, la tenue du ménage ; on donnait aussi quelques notions d'histoire et de géographie, mais sans ordre, sans méthode ; on voulait simplement que les jeunes filles de Saint-Cyr « n'allassent pas confondre un roi de France avec l'empereur de Chine » selon les propres paroles de Mme de Maintenon. En réalité il n'y eut pas d'enseignement de l'histoire ni de la géographie ; ce fut une véritable instruction primaire ; les exercices de littérature furent supprimés ; on se défiait aussi des moralistes païens : « Je craindrais. disait Mme de Maintenon, que tous ces grands traits de générosité et d'héroïsme ne leur élevassent par trop l'esprit et ne les rendissent aussi vaines et précieuses qu'elles étaient dans les commencements ». Le bon Plutarque est donc mis à l'index et Dieu sait cependant s'il peut faire du mal dans une éducation ! Bref, tout ce qui avait été éducation un peu libérale est supprimé. La religion est mise au premier rang, mais une religion en accord avec la vie pratique, sans mysticisme, sans prétentions théologiques, sans aucun de ces sentiments brûlants et profonds qu'on rencontrait à Port-Royal. Il n'est jamais question à Saint-Cyr de mourir pour la vérité ; tout se ramène à une morale pratique. Puis c'est une religion de tout repos qui n'inquiétera jamais le gouvernement. Il faut être religieux, c'est une grande partie de la vie, mais cette piété doit se concilier avec les nécessités pratiques.

D'autre part, on fait beaucoup appel à la raison ; on invite les élèves à réfléchir ; on leur demande de définir des mots : la discrétion, la vertu, la générosité, d'expliquer ce que c'est que telle ou telle qualité morale.

Les représentations scéniques ne sont pas entièrement supprimées, mais elles ont lieu d'une façon très intime, devant le roi, et non plus en présence de toute la cour.

Le but de cette éducation était de donner aux filles avant tout, du bon sens, de la discrétion, du goût pour les devoirs de leur état, et d'écarter d'elles les chimères romanesques. Tout cela paraît raisonnable ; en lisant les lettres de Mme de Maintenon, on est toujours tenté de dire « Elle a raison ». Mais d'où vient qu'on a une impression de froideur?

C'est d'abord que toutes ces règles de conduite si justes tendent avant tout à une chose : à conserver la réputation. Mme de Maintenon répète continuellement « Ayez telle vertu, le monde vous en louera; ne craignez pas de vous conduire de telle façon, tout le monde vous approuvera ». On sent que le souci de la réputation fait le fond de cette éducation si raisonnable; et ce principe est peu élevé. Jamais Mme de Maintenon n'apporte à la jeunesse une de ces paroles d'enthousiasme qui échauffent le cœur, le remplissent d'amour, font trouver la tâche légère et inspirent quelquefois des miracles. Au contraire, elle coupe les ailes à tout. Comme elle parle à ces jeunes filles de la vie et du mariage ! Ah ! ce n'est pas elle qui a fait le voyage des âmes dont parle Platon, et contemplé les Essences ! Ce n'est pas elle qui saura retrouver dans la beauté de ce monde le reflet de la beauté céleste !

La vie n'est pas aussi grise et monotone que Mme de Maintenon la présente. Il y a une conception plus noble, plus généreuse, qui consiste, tout en laissant de côté le romanesque, à voir la vraie signification des choses, avec ce je ne sais quoi de grand, de beau, de profond, qui vaut qu'on s'y attache. Le mariage, sans doute n'est pas un roman ; mais il y avait peut-être parmi ces jeunes filles de Saint-Cyr, des âmes capables d'y trouver assez de joie pour illuminer toute leur vie.

L'idéal de la vie n'est pas d'éviter tous les excès ; il y a dans le sentiment religieux tel qu'on le comprenait à Port-Royal des dangers qui sont plus beaux que cette espèce de sécurité d'une religion qu'on a appris à faire cadrer avec toutes les nécessités de la vie. Il y a une espèce de sagesse qui n'est pas la sagesse ordinaire et pratique et qui consiste à sacrifier l'utilité à des choses plus précieuses ; c'est ainsi qu'on sacrifie parfois sa situation à sa conscience. Mme de Maintenon n'est pas capable de ces folies d'enthousiasme pour les idées, pour la vérité.

L'institution de Saint-Cyr dura, mais sans renouveler son esprit, jusqu'à la Révolution française, et fut supprimée par décret en mars 1793.

Le livre de Fénelon sur l'Education des filles est contemporain de la fondation de Saint-Cyr, et il n'est pas sans avoir quelque analogie avec les idées que Mme de Maintenon préconisait ; mais il y a dans ce livre, plus d'air, plus de lumière. Fénelon a profondément aimé l'antiquité, il a défendu Homère, il a goûté la beauté, et ainsi il ne peut pas se résoudre à priver les filles de poésie.

Il faut élever les filles, c'est très important, dit-il. Précisément parce qu'elles sont faibles ; il faut les fortifier. Ce sont les femmes qui font et défont les maisons, qui élèvent les enfants ; elles ont de l'influence sur la société, et une femme mal élevée

n'aura jamais qu'une mauvaise influence. Il faut
essayer de détruire les défauts qui leur sont naturels.
Elles parlent beaucoup ; leurs discours sont souvent
sans ordre, sans méthode. Elles sont artificieuses ;
elles pensent qu'il y plus d'élégance dans cette
manière d'être que la simplicité. Ce qu'il faut craindre
surtout chez elles c'est la vanité des vêtements ; il
faudrait qu'on fît voir aux jeunes filles par des statues,
des représentations de l'antiquité, combien le vêtement antique était plus beau que le vêtement moderne,
et si ces costumes pouvaient leur donner l'idée de
plus de simplicité, ce serait un résultat heureux.
Enfin, il faut déshabituer les filles du bel esprit (qui
à cette époque continuait à faire fureur).

Sur quoi donc portera leur instruction ? D'abord,
sur ce qu'on appelait alors l'*économie*, c'est-à-dire
le gouvernement de la maison. Il faut qu'une femme
sache diriger une maison, ordonner les dépenses,
commander aux domestiques, veiller à l'ordre et à la
propreté. Il faut encore apprendre aux filles à lire,
écrire, compter ; il faut aussi — et ceci est plus nouveau — qu'elles sachent les principales règles de la
justice (ce que nous appelons aujourd'hui le *droit*;)
qu'elles connaissent les lois de leur pays au sujet des
testaments, des contrats, non pas pour devenir des
plaideuses, mais pour savoir ce que la loi décide dans
les cas qui les concernent.

Il faut aussi laisser lire aux filles les livres pro-
fanes qui ne sont pas dangereux pour exciter les
passions, leur permettre les poètes, leur faire connaître l'histoire ancienne et aussi l'histoire de France.
Il y bien là quelque danger, mais Fénelon ne peut se
résoudre à priver les jeunes filles de choses si belles.

Faut-il leur apprendre l'italien, l'espagnol ? il
vaudrait mieux leur apprendre le latin ; d'abord
c'est la langue de l'Église, et puis il y a des choses
en latin, meilleures, plus saines et mieux exprimées

que dans les écrits italiens et espagnols qui inclinent vers le bel esprit. Mais il ne faut apprendre le latin qu'aux filles dont on est bien sûr.

Enfin Fénelon permet la lecture des ouvrages d'éloquence et de poésie, l'étude de la musique et du dessin.

Il y a donc là une conception très libérale de l'enseignement des filles, un peu de l'esprit qui se retrouvera lorsque la France moderne organisera l'enseignement des lycées; par exemple pour ce qui concerne la connaissance de l'antiquité, des lettres et même du droit.

LES FEMMES FRANÇAISES AU XVIIe SIÈCLE

D'APRÈS LE THÉATRE

Mesdames,

Nous allons voir aujourd'hui de quelle manière le théâtre du xviie siècle a représenté les femmes. Nous avons fait observer cependant qu'il ne faut pas prendre la littérature comme une expression parfaitement exacte du monde réel. Il importe surtout de bien affirmer cette vérité lorsqu'on songe à ce qu'est le caractère actuel du théâtre français ; si les étrangers allaient juger de ce que sont en général les femmes françaises par la façon dont elles sont représentées au théâtre, ils auraient d'elles une idée extrêmement fausse.

Cependant au xviie siècle, le théâtre était plus que de nos jours, une expression de la société, précisément parce que ce théâtre a gardé dans la peinture des personnages féminins une certaine réserve qui en somme correspond à la nature de la moyenne des femmes..

Il y a au xviie siècle en France un théâtre tragique et un théâtre comique. Le théâtre tragique, c'est surtout Corneille et Racine, nous ne nous occuperons pas des autres ; le théâtre comique, c'est Molière.

Le théâtre de Corneille est avant tout un théâtre de l'héroïsme et aussi de la galanterie, mais d'une galanterie très haute, très chevaleresque. Il fallait absolument d'après la poétique d'alors que tous les héros fussent amoureux. Corneille a donc mêlé un peu d'amour à toutes ses pièces, même aux pièces politiques où l'amour n'est qu'un simple ornement et où il prend quelquefois un caractère un peu superficiel et factice. Ce qu'on aimait aussi dans cette société française, c'était la vaillance, la générosité, la loyauté, l'honneur. Corneille a donné à ces idées une expression admirable ; c'est ce qui nous explique le succès triomphal du *Cid*. Les héros cornéliens soulevèrent l'admiration ; vous connaissez la parole de Boileau :

Tout pour Chimène a les yeux de Rodrigue.

Les héroïnes de Corneille, comme les Françaises d'alors, sont fières, vaillantes, pleines du sentiment de leur propre valeur, avec un très vif souci de leur gloire. Elles sont sûres d'elles-mêmes. Il y a quelquefois lutte lorsque les sentiments s'opposent à l'idée qu'elles se font de leur devoir, mais on ne doute jamais de l'issue ; la volonté consciente et raisonnée triomphera toujours. Elles ont aussi un esprit clair, logique ; elles raisonnent beaucoup ; rien n'est obscur pour elles dans leurs sentiments ; c'est en cela qu'elles plaisent aux contemporains.

Voyez par exemple Chimène. Rodrigue a été obligé pour venger son père de tuer le père de Chimène. A partir de ce moment Chimène est séparée de Rodrigue, elle veut venger son père, elle doit punir Rodrigue, mais elle continue toujours à l'aimer,

elle l'aime d'autant plus qu'en l'offensant il s'est
montré digne d'elle; elle lui avoue ouvertement qu'elle
l'aime :

> Hélas! ton intérêt ici me désespère :
> Si quelque autre malheur m'avait ravi mon père
> Mon âme aurait trouvé dans le bien de te voir
> L'unique allègement qu'elle pût recevoir ;
> Et contre ma douleur j'aurais trouvé des charmes,
> Quand une main si chère eût essuyé mes larmes.

Ce qui fait la beauté des scènes qui mettent en
présence Chimène et Rodrigue, c'est justement la
franchise, la candeur de cet amour qu'on avoue
parce qu'on n'a pas à en rougir ; mais en même temps
on sait parfaitement qu'il est sans espoir.

Quant à Émilie, c'est une héroïne politique ; elle
conspire contre Auguste, elle tient les fils d'une
intrigue, elle veut remuer tout l'empire pour venger
une injure personnelle ; elle pense qu'il sera beau
d'être appelée « la libératrice des Romains ». Il y a là
quelque chose d'un peu moins touchant que dans le
personnage de Chimène ; elle aime aussi mais d'un
amour qui ne nous touche guère et qui n'a pas l'air
très profond. Elle entraîne dans le complot Cinna,
qu'elle aime, et un autre personnage, Maxime. Émilie
est comme une ébauche de ce que seront plus tard les
héroïnes de la Fronde. Elle a ce que nous avons
remarqué dans la Grande Mademoiselle : cette conviction de son charme, de son pouvoir :

> Si j'ai séduit Cinna, j'en séduirai bien d'autres !

Et aussi une espèce de générosité un peu factice.
Émilie n'a pas l'âme d'un Brutus; c'est une conspi-
ratrice de second ordre. Corneille a peint en elle
des traits réels du caractère féminin de l'époque,
puisque peu d'années après, nous verrons précisément éclater dans les troubles de la Fronde le même

genre de passions et apparaître des femmes qui ont le goût de la politique sans avoir de capacité politique et qui y mêlent l'imagination et la fantaisie.

Emilie plut beaucoup aux contemporains ; on l'appelait *la raisonnable, la sainte, l'adorable furie.* Aujourd'hui elle nous enchante moins. Elle nous paraît manquer un peu de simplicité et de mesure.

Emilie n'est pas la seule héroïne de Corneille qui fasse de la politique ; dans *Rodogune* il y a deux femmes ambitieuses, dont l'une l'est à un tel point qu'elle machine pour s'assurer le pouvoir la perte de ses propres fils. Dans la *Mort de Pompée,* Cornélie pleure beaucoup moins en Pompée son mari que le héros, le chef du parti qui voulait donner la liberté aux Romains. Elle se considère comme chargée de le venger et, autant que ce sera possible, de tenir sa place.

Dans *Nicomède,* cette tragédie si héroïque et si spirituelle à la fois, il y a encore deux femmes politiques : Arsinoë qui mène son mari avec tant de facilité, au point que ce rôle a quelque chose de comique ; elle veut évincer Nicomède, le fils aîné du roi pour mettre à sa place son propre fils Attale. A côté d'elle il y a Laodice, reine d'Arménie, celle que Nicomède doit épouser et qui est digne de lui. Elle tient tête à Arsinoë et même à l'ambassadeur romain qui représentait alors la plus grande puissance du monde, et lorsque l'ambassadeur lui fait sentir l'imprudence de sa conduite et lui dit :

> Et Rome est aujourd'hui la maîtresse du monde.

elle lui répond :

> La maîtresse du monde ! Ah ! vous me feriez peur,
> S'il ne s'en fallait pas l'Arménie et mon cœur !

C'est une tragédie rarement jouée et qui mériterait

de l'être davantage. On est heureux d'y voir, en face de la puissance, un esprit qui reste libre et a même assez de possession de soi-même pour se moquer et railler, assuré qu'il est de n'être jamais vaincu. Laodice et Nicomède sont dignes l'un de l'autre, ils ne se font pas de déclarations d'amour, ils savent bien qu'ils s'aiment. Intelligents, spirituels et héroïques tous deux, ils s'entendent admirablement, et si Nicomède règne, il aura dans sa femme une excellente collaboratrice.

Dans la galerie des personnages cornéliens, il semble que Camille fasse exception, c'est une héroïne tout abandonnée à sa passion, mais on retrouve encore le caractère cornélien dans le caractère exclusif, radical, que prend la passion en elle.

Mais la plus noble des héroïnes de Corneille, c'est Pauline. Jeune fille elle a aimé un jeune Romain très digne de cet amour, Sévère; mais son père Félix n'a pas trouvé que Sévère fût un assez grand personnage, et il a marié sa fille à Polyeucte, personnage important d'une province romaine. La destinée a été pour Sévère meilleure qu'on ne l'imaginait ; il est devenu le favori de l'empereur. Félix est très déçu lorsqu'il s'aperçoit qu'il n'a pas été assez habile. Sévère, qui arrive dans la province veut voir Pauline ; il apprend qu'elle est mariée et c'est avec curiosité qu'on attend la scène qui ne manquera pas d'avoir lieu entre Pauline et lui. C'est d'ailleurs une de ces scènes dans lesquelles Corneille a excellé ; un duo entre deux grandes âmes, unies dans l'amour et dans l'idée qu'elles se font de la véritable vertu et séparées par le destin. Pauline est sûre d'elle-même, elle ne craint pas de déchoir ; malgré cela le souvenir qu'elle a gardé de Sévère est si tendre qu'elle voudrait ne pas le revoir. Son père exige qu'elle le voie ; elle obéit, et les premières paroles qu'elle lui dit sont pour lui enlever tout espoir :

> Oui, je l'aime, Sévère, et n'en fais point d'excuse
> Que toute autre que moi vous trompe et vous abuse :
> Pauline a l'âme noble et parle à cœur ouvert.

Ainsi Pauline ne veut plus penser à Sévère ; elle veut aimer son mari.

Mais voici que Polyeucte se convertit au christianisme ; c'est l'époque des grandes persécutions, et Félix, fonctionnaire lâche, poursuit les chrétiens, espérant ainsi faire sa cour à l'empereur ; quand il voit son gendre converti à la religion nouvelle, il a si peur pour sa position, qu'il le fera mourir. Ce serait donc, au moment où la vie de Polyeucte est menacée, une libération possible pour Pauline. Non, elle est comme sera plus tard la princesse de Clèves ; elle s'est donnée avec loyauté, elle n'a fait aucune réserve : elle n'acceptera pas que rien la délie. Bien plus, elle s'adresse à Sévère lui-même, en faveur de Polyeucte ; elle lui fait l'honneur de compter sur lui. Il répond par une générosité égale, mais Félix a l'âme si basse qu'il ne peut pas s'imaginer que Sévère soit sincère, et il ordonne la mort de Polyeucte.

Pauline a d'abord donné son amour à son mari par devoir ; lorsqu'il se fait chrétien, ce qui pour elle est quelque chose d'abominable, elle lui garde cet amour et lorsqu'on lui dit « en se faisant chrétien, c'est comme s'il vous trahissait », elle répond :

> Je l'aimerais encor quand il m'aurait trahie.

Elle ne connaît pas encore Polyeucte ; elle ne sait pas encore tout ce qui est en lui. Or, dans une âme comme celle de Pauline, l'amour est fait avant tout de connaissance et d'admiration. A mesure que Polyeucte développe sa nature, Pauline est surprise ; le langage qu'il parle lui est inconnu ; elle y voit d'abord une folie, mais peu à peu, l'action avan-

çant, le voile se déchire, un monde nouveau se révèle ;
l'image de Sévère s'embrume et s'éloigne ; et alors
Polyeucte a conquis Pauline, non parce qu'il l'aime,
mais parce qu'elle le voit aimer quelque chose d'in-
finiment supérieur à tous les amours.

Elle l'accompagne au lieu du supplice, et elle fait
pour lui ce qu'elle n'avait pas fait pour Sévère ; elle
désobéit à son père et elle est prête à suivre
Polyeucte dans la mort.

Ce caractère de Pauline est admirable ; elle est
fière, loyale, on peut lire dans son âme comme dans
un livre ouvert, elle ne dissimule rien. Il y a même
des critiques qui ont trouvé que cette franchise
complète manquait d'un certain tact, qu'une femme
a parfois meilleure grâce à laisser deviner les
choses qu'à les dire aussi clairement. Cela est peut-
être vrai dans les relations mondaines, mais quand il
s'agit de répondre à un amour pareil à celui de
Sévère, ce serait une trahison que de dissimuler
quoi que ce soit. Du reste il n'y a pas à craindre que
l'exemple de Pauline soit trop suivi ; les femmes n'ont
que trop de tendance à prendre les choses de
biais, parce que trop souvent leur esprit n'a pas
une vue nette, claire, et si on peut dire, impérieuse
de la vérité.

Si on écarte le personnage de Pauline, les personnages féminins de Corneille sont inférieurs à ses
personnages masculins, Pauline elle-même est infi-
niment dépassée par Polyeucte. Au contraire chez
Racine, les portraits de femmes ont une vigueur,
une profondeur extraordinaires, à côté desquelles les
personnages masculins pâlissent. Ainsi par exemple
dans la tragédie de Bajazet, Bajazet est peu de chose
à côté de Roxane.

Racine a représenté les passions, surtout la passion
de l'amour, mais non pas uniquement. Il ne peint pas
toujours les femmes en proie à leurs sentiments, sim-

ples victimes du destin, il a aussi des héroïnes qui sont fières, sincères, loyales, et qui ont en même temps la modestie et la grâce, comme Monime, Junie. Elles sont héroïques, elles savent s'exposer, elles peuvent même mourir, mais toujours avec douceur, avec discrétion, avec réserve. C'est pourquoi quelques critiques mettent ces héroïnes au-dessus de celles de Corneille, préférant une vertu qui ne s'étale pas et ne proclame pas elle-même sa gloire. Les héroïnes de Racine ressemblent davantage à celles du théâtre grec, en ce que leur conduite est toujours la simple expression de leur nature, mais cette nature est plus complexe, l'analyse des sentiments est poussée beaucoup plus loin, elles sont moins instinctives, elles ont plus d'esprit. Elles diffèrent aussi des héroïnes amoureuses du théâtre de Shakespeare, d'une Juliette ou d'une Desdémone.

La plus amoureuse peut-être des amoureuses de Racine, celle qui jouit d'un amour heureux avec le plus de délices, c'est Bérénice. Toute son âme n'est qu'amour. Elle vit comme dans un rêve, son âme est dans une illumination de bonheur. Celui qu'elle aime est pour elle un roi et un dieu, elle l'eût aimé dans n'importe quelle situation ; mais quelle joie pour elle de voir que le roi de son cœur est en même temps le roi du monde ! Avec quelle naïveté, quelle inconscience cruelle elle parle de lui à un autre -- à un autre qui a de l'amour pour elle et qu'elle n'a jamais deviné parce qu'elle vit dans une pensée unique ! Quand elle apprend, au milieu de ce bonheur presque trop grand qu'il faut se séparer de Titus, qu'il y a une loi romaine qui s'oppose à ce qu'il l'épouse, il n'y a pas en elle d'éclats de fureur comme en aurait une Hermione, mais c'est un désespoir profond, complet, les plaintes, les larmes. Elle montre son désespoir à Titus ; elle n'a pas d'orgueil parce que lorsque l'amour est aussi absolu, il anéantit tout orgueil. Et cependant cette

Bérénice, si profondément amoureuse, celle qui a donné de son amour, cette expression :

> Je n'écoute plus rien ; et pour jamais, adieu.
> Pour jamais! Ah ! Seigneur, songez-vous en vous-même
> Combien ce mot cruel est affreux quand on aime?
> Dans un mois, dans un an, comment souffrirons-nous,
> Seigneur, que tant de mers me séparent de vous?
> Que le jour recommence et que le jour finisse,
> Sans que jamais Titus puisse voir Bérénice,
> Sans que de tout le jour je puisse voir Titus?

Cette Bérénice qui n'est qu'amour, nous la verrons sacrifier son amour même, parce que ce qui faisait son désespoir, c'est qu'elle croyait que Titus la renvoyait parce qu'il ne l'aimait plus, mais elle s'aperçoit qu'il l'aime toujours, et pour une âme délicate et profonde, tout est là ; on peut supporter même une séparation définitive quand on sait que, quoi qu'il advienne, on possède le cœur de celui qu'on aime.

Cette fin de Bérénice est d'une tendresse et d'une tristesse divines :

> Mon cœur vous est connu, Seigneur, et je puis dire
> Qu'on ne l'a jamais vu soupirer pour l'Empire.
> La grandeur des Romains, la pourpre des Césars
> N'a point, vous le savez, attiré mes regards.
> J'aimais, Seigneur, j'aimais: je voulais être aimée.
> Ce jour, je l'avouerai, je me suis alarmée :
> J'ai cru que votre amour allait finir son cours.
> Je connais mon erreur, et vous m'aimez toujours.
> Votre cœur s'est troublé, j'ai vu couler vos larmes.
> Bérénice, Seigneur, ne vaut point tant d'alarmes,
> Ni que par votre amour l'univers malheureux,
> Dans le temps que Titus attire tous ses vœux
> Et que de vos vertus il goûte les prémices,
> Se voie en un moment enlever ses délices.
> Je crois, depuis cinq ans jusqu'à ce dernier jour,
> Vous avoir assuré d'un véritable amour.
> Ce n'est pas tout: je veux, en ce moment funeste,
> Par un dernier effort couronner tout le reste.
> Je vivrai, je suivrai vos ordres absolus.
> Adieu, Seigneur, régnez : je ne vous verrai plus.

Il y a aussi dans Racine le groupe des amoureuses violentes, passionnées : Hermione, Roxane, Eriphile. Elles appartiennent tout entières à leur passion ; aucune idée, aucune considération n'a de pouvoir sur elles, elles vont jusqu'au meurtre ; Hermione et Roxane ordonnent la mort de ceux qu'elles aiment, Eriphile dénonce aux Grecs la fuite de sa rivale Iphigénie. La peinture de ces âmes passionnées est, d'après quelques critiques, le triomphe de l'art racinien. Tous les mouvements, les dépits, les désespoirs, les espoirs nouveaux, les découragements, les fureurs, les jalousies, Racine les a peints admirablement et on peut se demander s'il y a eu un peintre de la passion qui lui soit égal en ce qui concerne l'amour féminin.

Ses héroïnes, semblables en cela à celles de Corneille, ne sont pas des inconscientes ; même quand elles sont la proie de leurs passions, elles le savent très bien ; elles savent où elles en sont, elles connaissent tous les mouvements de leur cœur, ce n'est pas dans l'obscurité qu'elles agissent et en ceci elles sont différentes des héroïnes modernes. Mais leur clairvoyance n'enlève rien à la force de leur nature. Il y a dans ces héroïnes de Racine des cris de passion qui ont l'air de sortir des profondeurs les plus cachées de l'âme ; l'accent en est si fort, si vrai, qu'on frémit en les entendant, comme si une sorte d'écho obscur y répondait du fond de notre propre cœur.

Voici maintenant une autre héroïne, Andromaque, avec cette âme si triste et si profonde. Racine s'est souvenu d'Homère, mais il a ajouté des traits nouveaux. Dans Homère, Andromaque vient de perdre Hector, dans Racine elle est veuve depuis quelque temps. Elle ne fait pas étalage de sa douleur, mais elle la trahit de temps en temps par des mots qui lui échappent et qui laissent deviner, à ceux qui savent comprendre, le deuil d'un amour qui a été donné une fois et qui était plus fort que la mort. Même dans son fils, c'est Hector qu'elle aime; elle a toujours dans son cœur la recommandation suprême d'Hector :

> « Chère épouse, dit-il en essuyant mes larmes,
> J'ignore quel succès le sort garde à mes armes;
> Je te laisse mon fils pour gage de ma foi :
> S'il me perd, je prétends qu'il me retrouve en toi.
> Si d'un heureux hymen la mémoire t'est chère,
> Montre au fils à quel point tu chérissais le père. »

On a dit qu'Andromaque était coquette avec Pyrrhus, mais quelle coquetterie que celle qui ne cesse de rappeler à Pyrrhus le nom et le souvenir d'Hector! Il est vrai qu'elle s'adresse à sa générosité, qu'elle lui rappelle ce que fut la magnanimité d'Achille à l'égard de Priam et elle ajoute :

> J'attendais de son fils encor plus de bonté.
> Pardonne, cher Hector, à ma crédulité.
> Je n'ai pu soupçonner ton ennemi d'un crime;
> Malgré lui-même enfin je l'ai cru magnanime.
> Ah ! s'il l'était assez pour nous laisser du moins
> Au tombeau qu'à ta cendre ont élevé mes soins,
> Et que finissant là sa haine et nos misères,
> Il ne séparât point des dépouilles si chères !

Quand elle voit clairement à quel prix il faudrait acheter le salut d'Astyanax, c'est-à-dire en épousant Pyrrhus, elle n'a qu'un mot : « Hélas, il mourra donc ». Il y a pour elle une véritable impossibilité à consentir à une chose pareille. Non, il n'y a pas place pour la coquetterie dans une âme où habitent l'amour, la douleur et le souvenir.

Racine a peint aussi des femmes politiques : Agrippine, Athalie ; elles sont moins raisonneuses que celles de Corneille, plus instinctives, plus passionnées. Agrippine apporte dans son ambition beaucoup de faiblesse, d'inconséquence féminine; elle se perdra à la fin par son aveuglement. Athalie est arrivée au pouvoir par le meurtre de ses propres enfants, elle ne manque donc pas d'énergie, mais il arrive un

moment où, comme bien des femmes, elle est saisie de
ce que Racine appelle

> Cet esprit d'imprudence et d'erreur,
> De la chute des rois funeste avant-coureur.

A partir de ce moment elle est perdue.

Mais l'héroïne de Racine qui surpasse toutes les
autres par l'intensité de la passion et de la vie, c'est
Phèdre. Le personnage est emprunté à Euripide,
mais il a été profondément transformé. La Phèdre de
Racine surpasse tellement son modèle antique qu'elle
l'a rejeté dans l'ombre. C'est à ce point qu'on a joué
la *Phèdre* de Racine à Athènes, dans la patrie d'Euripide. Ce qui est poignant dans un personnage comme
Phèdre, c'est la fatalité de la passion dans une âme
q   sent qu'elle devrait être libre, qu'elle pourrait être
libre théoriquement, mais que pratiquement elle ne
l'est pas. Elle n'est pas de ces femmes qui cédant à
leur passion, en proclament la fatalité, non parce que
la passion est plus forte, mais parce que l'âme est
plus faible. Dans l'âme de Phèdre, il y a encore un
cri profond de liberté qui affirme jusque dans la défaite
la véritable nature de l'âme humaine. Phèdre, à
aucun moment, ne consent pleinement à sa honte.
Quand elle s'écrie :

> Hélas ! du crime affreux dont la honte me suit
> Jamais mon triste cœur n'a recueilli le fruit !

elle sait bien que ce fruit, elle ne pouvait pas le
recueillir. Elle n'est pas

> .... de ces femmes hardies
> Qui, goûtant dans le crime une tranquille paix,
> Ont su se faire un front qui ne rougit jamais.

Elle n'a pas d'illusions ; elle voit tout impitoyable-
ment ; chez elle la douleur, le regret sanglant de ce
qu'elle aurait dû être, ne se tairont jamais ; elle ne

pourrait pas être heureuse dans le mal, comme ces âmes basses et médiocres qui s'accommodent du vice.

Pour faire voir dans cette âme pécheresse le paroxysme de la torture, Racine a imaginé de la faire jalouse. Alors tout se réunit : la haine, le désespoir, la fureur, la honte et toujours, tout au fond, la voix implacable qui la condamne sans rémission, sans appel. Il n'y a pas d'asile pour elle ni dans ce monde, ni dans le monde des morts ; c'est une réprobation éternelle.

Que fais-je ? Où ma raison se va-t-elle égarer ?
Moi jalouse ! et Thésée est celui que j'implore !
Mon époux est vivant, et moi je brûle encore !
Pour qui ? Quel est le cœur où prétendent mes vœux ?
Chaque mot sur mon front fait dresser mes cheveux.
Mes crimes désormais ont comblé la mesure.
Je respire à la fois l'inceste et l'imposture.
Mes homicides mains, promptes à me venger,
Dans le sang innocent brûlent de se plonger.
Misérable ! et je vis ! et je soutiens la vue
De ce sacré soleil dont je suis descendue !
J'ai pour aïeul le père et le maître des Dieux ;
Le ciel, tout l'univers est plein de mes aïeux.
Où me cacher ? Fuyons dans la nuit infernale.
Mais que dis-je ? Mon père y tient l'urne fatale
Le sort, dit-on, l'a mise, en ses sévères mains :
Minos juge aux enfers tous les pâles humains.
Ah ! combien frémira son ombre épouvantée,
Lorsqu'il verra sa fille à ses yeux présentée,
Contrainte d'avouer tant de forfaits divers,
Et des crimes peut-être inconnus aux enfers !
Que diras-tu, mon père, à ce spectacle horrible ?
Je crois voir de ta main tomber l'urne terrible ;
Je crois te voir, cherchant un supplice nouveau,
Toi-même, de ton sang devenir le bourreau.
Pardonne. Un Dieu cruel a perdu ta famille ;
Reconnais sa vengeance aux fureurs de ta fille.
Hélas ! du crime affreux dont la honte me suit
Jamais mon triste cœur n'a recueilli le fruit.
Jusqu'au dernier soupir de malheurs poursuivie,
Je rends dans les tourments une pénible vie.

Il n'y a rien de plus pathétique que les dernières paroles de Phèdre, sa confession à la fin de la pièce :

> Les moments me sont chers, écoutez-moi, Thésée.
> C'est moi qui sur ce fils chaste et respectueux
> Osai jeter un œil profane, incestueux.
> Le ciel mit dans mon sein une flamme funeste ;
> La détestable Œnone a conduit tout le reste.
> Elle a craint qu'Hippolyte, instruit de ma fureur,
> Ne découvrit un feu qui lui faisait horreur.
> La perfide, abusant de ma faiblesse extrême,
> S'est hâtée à vos yeux de l'accuser lui-même.
> Elle s'en est punie, et fuyant mon courroux,
> A cherché dans les flots un supplice trop doux.
> Le fer aurait déjà tranché ma destinée ;
> Mais je laissais gémir la vertu soupçonnée.
> J'ai voulu, devant vous exposant mes remords,
> Par un chemin plus lent descendre chez les morts.
> J'ai pris, j'ai fait couler dans mes brûlantes veines
> Un poison que Médée apporta dans Athènes.
> Déjà jusqu'à mon cœur le venin parvenu
> Dans ce cœur expirant jette un froid inconnu ;
> Déjà je ne vois plus qu'à travers un nuage
> Et le ciel et l'époux que ma présence outrage ;
> Et la mort, à mes yeux dérobant la clarté,
> Rend au jour, qu'ils souillaient, toute sa pureté.

Il y a là une espèce de désespoir sec et morne, un désespoir absolu qui va bien plus loin que les plaintes et les larmes.

Ce dénouement est extrêmement poignant et douloureux parce qu'il fait sentir cette impression d'écrasement que nous donne, par exemple l'*Œdipe-Roi*, en présence de l'impuissance humaine dans des luttes où la destinée est véritablement plus forte que nous.

Voilà certainement la plus extraordinaire, la plus profonde, la plus tragique peinture d'amour féminin qui ait jamais été faite dans aucun théâtre. Pour créer une telle figure il fallait le génie de Racine, mais peut-être aussi son époque, où il y a eu tant d'âmes remuées par les orages de la passion, puis saisies quelquefois de tragiques repentirs, expiant leurs fautes par de longues pénitences. Il a fallu cette époque où on était en éveil sur toutes les choses de l'âme, cherchant les ressorts cachés des actions, découvrant parfois des mobiles d'intérêt et de vanité sous les belles apparences de la vertu. Il fallait ce temps, où on aimait à projeter la lumière sur toutes les choses morales, où on n'admettait pas les confusions troubles et obscures qui donnent le change aux âmes lâches, les déguisements à demi-volontaires qui rendent incertaine la limite entre le mal et le bien.

Et là Racine rejoint Corneille. Chez tous deux il y a cette honnêteté franche qui n'hésite pas sur les questions morales. Aucun d'eux ne s'est fait l'apologiste de la passion, n'a essayé de la déguiser sous des mots flatteurs, d'en excuser et bien moins encore d'en glorifier les écarts. Voilà pourquoi ces œuvres sont si saines, et comme lecture, et comme spectacle, sans parler de leur beauté. Mais si nous leur savons gré de n'avoir pas avili la morale, nous devons les remercier tout autant d'une seconde chose : c'est de ne pas avoir avili l'amour.

LES FEMMES FRANÇAISES D'APRÈS LE THÉATRE

AU XVIIe SIÈCLE (*Suite*) — LE COSTUME AU XVIIe SIÈCLE

MESDAMES,

Nous avons vu la dernière fois quelques personnages féminins du théâtre tragique au xviie siècle ; aujourd'hui nous quittons Corneille et Racine pour passer à Molière. Chez lui la galerie est variée. Il y a d'abord ces précieuses, ces savantes, dont nous avons déjà eu l'occasion de parler. Parmi ces savantes en voici une qui n'est pas seulement un type de pédanterie, mais aussi une femme impérieuse qui gouverne son mari et ne lui laisse pas dire un mot dans la maison ; c'est Philaminte, des *Femmes Savantes*. Voici la jeune femme épouse d'un vieux mari, qui attend sa mort avec impatience pour en hériter et qui en attendant joue la comédie de l'amour conjugal ; c'est Béline, du *Malade imaginaire*, type odieux qui pourrait aisément devenir tragique. Voici la dévote entichée des dévots, Mme Pernelle dans *Tartufe* qui débute si comiquement dans la pièce en gourmandant toute la maison. Voici la provinciale qui se pique de belles manières, la comtesse d'Escarbagnas. Voici dans le *Misanthrope* la prude qui a été coquette, mais qui se range quand elle voit que sa coquetterie n'a plus de pouvoir; c'est Arsinoé, si aigre contre Célimène et contre les galanteries dont elle n'a plus sa part. Molière dans une scène piquante que je voudrais avoir le temps de lire met en présence la prude et la coquette. Voici cette bonne bourgeoise, Mme Jourdain ; à côté de M. Jourdain qui veut jouer le personnage d'un gentilhomme, elle garde un bon sens qui n'a rien de très fin ni de distingué, mais qui prend toute sa valeur en s'opposant à la folie et à la sottise de M. Jourdain. C'est elle qui, lorsque M. Jourdain annonce son intention de ne marier sa fille qu'à un gentilhomme, lui répond avec beaucoup de raison que, d'abord, eux ne sont pas gentilshommes : « Descendons-nous tous deux que de bonne bourgeoisie ? » Et elle ajoute :

... « Les alliances avec plus grand que soi sont sujettes toujours à de fâcheux inconvénients. Je ne veux point qu'un gendre puisse à ma fille reprocher ses parents, et qu'elle ait des enfants qui aient honte de m'appeler leur grand'maman. S'il fallait qu'elle me vînt visiter en équipage de grand'Dame, et qu'elle manquât par mégarde à saluer quelqu'un du quartier, on ne manquerait pas aussitôt de dire cent sottises. « Voyez-vous, dirait-on, cette Mme la Marquise qui fait tant la glorieuse ? C'est la fille de M. Jourdain qui était trop heureuse, étant petite, de jouer à la Madame avec nous. Elle n'a pas toujours été si relevée que la voilà, et ses deux grand-pères vendaient du drap auprès de la porte Saint-Innocent. Ils ont amassé du bien à leurs enfants, qu'ils payent maintenant peut-être bien cher en l'autre monde, et l'on ne devient guère si riche à être honnêtes gens. » Je ne veux point de tous ces caquets, et je veux un homme en un mot, qui m'ait obligation de ma fille, et à qui je puisse dire : Mettez-vous là, mon gendre, et dînez avec moi. »

Elle parle raisonnablement, quoique en style peu relevé et même populaire. Molière, d'ailleurs, a beaucoup aimé peindre le bon sens populaire. Souvent il le met dans la bouche des servantes. Elles sont célèbres, les servantes de Molière : Nicole, du *Bourgeois gentilhomme*, Toinette, du *Malade imaginaire*, Dorine, dans *Tartufe*, Martine dans les *Femmes savantes*. Cette dernière n'a pas autant d'esprit que Nicole ou Dorine, mais elle est comique par son effarement lorsqu'on lui demande, à elle pauvre servante. de ne pas faire de fautes de français et de parler comme Vaugelas.

Parmi ces personnages féminins de la comédie de Molière il y en a certainement qui ont la sympathie de l'auteur : Eliante dans le *Misanthrope*, Elmire dans *Tartufe*, Henriette dans les *Femmes savantes*. Quels sont les traits qui les distinguent ? C'est d'abord le bon sens, la raison familière ; c'est la vertu, mais une vertu sans affectation et aussi sans mysticisme, une vertu pratique. Henriette, par exemple, est simple, droite, sensée ; elle a d'ailleurs beaucoup d'esprit ; peut-être trouvons-nous qu'elle manque un peu de sentiment, lorsqu'on répand la fausse nouvelle que son père a perdu toute sa fortune et qu'alors elle, fiancée à un homme qu'elle aime et avec qui elle sait pouvoir être heureuse, demande à rompre le mariage. Clitandre veut bien l'épouser, mais c'est elle qui s'y refuse. « Je sais le peu de bien que vous avez », lui dit-elle, et elle lui fait une morale très pratique : il n'est pas raisonnable pour une jeune fille de se marier quand elle n'a rien. Nous préférerions sans doute qu'elle ait un peu de la générosité de Clitandre, mais elle fera une femme raisonnable, qui n'aura rien de romanesque et de chimérique dans l'esprit.

Le chef-d'œuvre des portraits féminins de Molière, c'est le portrait de la coquette, l'immortel portrait de Célimène dans le *Misanthrope*. Molière peint en elle la femme du monde dans le milieu qui lui convient, les visites, la société, la conversation. Selon les règles mondaines du temps (c'est toujours un souvenir des Précieuses), une jolie femme doit avoir des adorateurs, des *amants* comme on disait alors ; sa gloire était d'en rassembler beaucoup autour d'elle. Les jeunes gentilshommes, de leur côté, devaient courtiser les dames. C'était un peu ce que nous appelons aujourd'hui le *flirt*. Rien plus que ce manège ne déplaît à une âme sincère, éprise elle-même d'un vrai amour ; elle y voit la profanation d'une chose sainte, ou une condamnable hypocrisie.

Célimène est aimable pour tous, accueillante pour tous ; elle admet chez elle beaucoup de monde sans rien réserver pour l'intimité. Elle a de nombreux adorateurs et les mène admirablement ; elle les ménage, elle sait persuader à chacun qu'il est le seul aimé, si bien même qu'à la fin de la pièce nous verrons quelques billets adressés aux uns et aux autres et qu'il sera bien difficile de faire accorder entre eux. Elle promet à tout le monde et ne donne rien à personne ; elle est d'ailleurs incapable de donner, car avec beaucoup d'esprit, elle a un cœur très sec. Mais son esprit éblouit ; elle manie supérieurement l'épigramme, lance joliment une méchanceté, et excelle surtout à faire le portrait satirique des gens. Personne ne lui échappe.

Célimène n'est sincère en rien. C'est là un des écueils de la vie mondaine. Si on veut plaire à tous, être accueilli partout, il est bien difficile que la sincérité n'en souffre pas. Peut-on avoir une vraie sympathie pour tant de personnes ? Cependant, quand on les voit, on les accable d'amabilités ; mais on éprouve un malin plaisir à les *habiller* en leur absence.

Un coup de théâtre qui n'est pas rare dans les salons, c'est l'apparition soudaine de la personne sur qui, justement, la médisance s'exerçait. Molière n'a pas manqué de nous donner cette scène piquante. Célimène est chez elle en compagnie de deux galants marquis, lorsqu'on annonce Arsinoé.

BASQUE.

Arsinoé, Madame,
Monte ici pour vous voir.

CÉLIMÈNE.

Que me veut cette femme ?

BASQUE.

Éliante, là-bas, est à l'entretenir.

CÉLIMÈNE.

De quoi s'avise-t-elle et qui la fait venir ?

ACASTE.

Pour prude consommée, en tous lieux elle passe,
Et l'ardeur de son zèle....

CÉLIMÈNE.

Oui, oui, franche grimace
Dans l'âme elle est du monde, et ses soins tentent tout
Pour accrocher quelqu'un sans en venir à bout.
Elle ne saurait voir qu'avec un œil d'envie
Les amants déclarés dont une autre est suivie ;
Et son triste mérite, abandonné de tous,
Contre le ciel aveugle est toujours en courroux.
Elle tâche à couvrir d'un faux voile de prude
Ce que chez elle on voit d'affreuse solitude ;
Et pour sauver l'honneur de ses faibles appas,
Elle attache du crime au pouvoir qu'ils n'ont pas.
Cependant, un amant plairait fort à la dame,
Et même, pour Alceste, elle a tendresse d'âme,
Ce qu'il me rend de soins outrage ses attraits,
Elle veut que ce soit un vol que je lui fais :
Et son jaloux dépit, qu'avec peine elle cache,
En tous endroits, sous main, contre moi se détache.
Enfin je n'ai rien vu de si sot à mon gré.
Elle est impertinente au suprême degré,
Et .....

A ce moment on introduit Arsinoé.

CÉLIMÈNE.
Ah! quel heureux sort en ce lieu vous amène ?
Madame, sans mentir, j'étais de vous en peine.
ARSINOÉ.
Je viens pour quelque avis que j'ai cru vous devoir.
CÉLIMÈNE.
Ah, mon Dieu ! que je suis contente de vous voir !

La médisance est une mine inépuisable pour des salons, surtout entre personnes qui ne se connaissent pas beaucoup. De quoi parler en effet? il faut des sujets qui intéressent tout le monde, sans toucher à ce fond intime de la vie qu'on n'a pas l'intention de livrer à n'importe qui. Eh bien, on dira du mal du prochain. Célimène en dit et si spirituellement que tous l'applaudissent :

CLITANDRE.
Parbleu, je viens du Louvre, où Cléonte, au levé,
Madame, a bien paru ridicule achevé,
N'a-t-il point quelque ami qui pût, sur ses manières,
D'un charitable avis lui prêter les lumières ?
CÉLIMÈNE.
Dans le monde, à vrai dire, il se barbouille fort.
Partout il porte un air qui saute aux yeux d'abord ;
Et, lorsqu'on le revoit, après un peu d'absence,
On le retrouve encor plus plein d'extravagance.
ALCESTE.
Parbleu ! s'il faut parler de gens extravagants,
Je viens d'en essuyer un des plus fatigants :
Damon le raisonneur qui m'a, ne vous déplaise,
Une heure, au grand soleil, tenu hors de ma chaise.
CÉLIMÈNE.
C'est un parleur étrange, et qui trouve toujours
L'art de ne vous rien dire avec de grands discours;
Dans les propos qu'il tient, on ne voit jamais goutte,
Et ce n'est que du bruit que tout ce qu'on écoute.

ÉLIANTE *à Philinte*

Ce début n'est pas mal ; et contre le prochain
La conversation prend un assez bon train.

CLITANDRE.

Timante encore, Madame, est un bon caractère.

CÉLIMÈNE.

C'est de la tête aux pieds un homme tout mystère.
Qui vous jette en passant un coup d'œil égaré,
Et sans aucune affaire, est toujours affairé.
Tout ce qu'il vous débite en grimaces abonde ;
A force de façons il assomme le monde.
Sans cesse il a tout bas, pour rompre l'entretien,
Un secret à vous dire, et ce secret n'est rien ;
De la moindre vétille il fait une merveille,
Et jusques au bonjour, il dit tout à l'oreille.

ALCASTE.

Et Géralde, Madame ?

CÉLIMÈNE.

O l'ennuyeux conteur !
Jamais on ne le voit sortir du grand seigneur ;
Dans le brillant commerce il se mêle sans cesse,
Et ne cite jamais que duc, prince ou princesse :
La qualité l'entête ; et tous ses entretiens
Ne sont que de chevaux, d'équipage et de chiens ;
Il tutoye en parlant ceux du plus haut étage,
Et le nom de *Monsieur* est chez lui hors d'usage.

Et cela continue ainsi longtemps ; on voit défiler
toute une galerie.

Où ce personnage de coquette apparaît le mieux,
c'est lorsque Molière l'oppose à l'homme qui l'aime ;
Alceste, franc, loyal, dépourvu de tout artifice mon-
dain, et qui vient lui faire des scènes. Rien de plus
amusant que la manière dont Célimène le reçoit ;
elle ne s'en émeut pas du tout, car même un amour
vrai, profond, capable de douleur, ne la touche pas
plus que les petites galanteries des marquis. Elle
ne perd pas son sang-froid et a tous les avantages,
tandis qu'Alceste, lui, est maladroit comme on l'est
souvent quand on est sincère ; Célimène manœuvre si

adroitement que c'est elle qui finit par faire des reproches à Alceste ; elle prétend qu'il ne l'aime pas et c'est lui maintenant qui doit se justifier.

Ces comédies de Molière aussi bien que les tragédies dont nous avons lu des passages la dernière fois, nous indiquent que le caractère et l'âme féminines n'ont guère changé au cours des siècles ; ces personnages sont encore vivants aujourd'hui. Il est vrai que les formes sont nouvelles et que le milieu social est autre, mais le fond demeure.

Ce qui cependant est bien caractéristique du xvii⁰ siècle, c'est d'abord la grande importance du rôle des femmes. Cela s'explique parce que les hommes des hautes classes ne font pas de politique ; comment en faire alors que le pouvoir est absolu, que toutes les affaires de l'État sont réglées par le roi ? Personne n'a rien à dire ; il n'y a pas de représentation nationale, de Chambre dans laquelle les citoyens pourraient exprimer leur avis. Aujourd'hui la vie politique est toute une partie de l'existence des hommes. La vie des affaires est également très importante. Il n'en est pas question non plus pour les gentilshommes du xvii⁰ siècle ; les grandes entreprises industrielles si nombreuses aujourd'hui n'existent pas. Quelles sont dès lors les occupations des hommes ? Ils peuvent faire la guerre ; mais on n'est pas toujours en guerre, et même quand on y est, tous les régiments ne marchent pas. La vie toute naturelle pour la noblesse, c'est la vie de société. Or c'est là par excellence le royaume des femmes.

Quel a été l'idéal féminin du xvii⁰ siècle ? Car chaque société a une manière propre de se le figurer. Au xvii⁰ siècle les qualités qu'on demande à une femme accomplie sont d'abord la simplicité (Molière se moque de toutes les femmes qui ont une prétention quelconque) ; — puis la fierté, un sentiment vif de son propre honneur, une répugance naturelle pour toute déchéance ; — puis une pudeur discrète dans l'expression de ses sentiments ; elle n'en doit pas faire étalage, et si elle les exprime, elle doit y apporter de la réserve et de la modestie. En ceci, l'idéal de la femme du xvii° siècle est bien différent de l'idéal romantique du xix°. La femme romantique exprimera pleinement tout ce qu'elle sentira et peut-être un peu plus, car les sentiments les plus profonds ne demandent pas tant de paroles. Les héroïnes de Racine sont des modèles admirables de réserve délicate : Junie, Iphigénie, Monime. La fu r d'Eriphile, de Roxane, d'Hermione, est représei e comme un dérèglement de la passion. Même les héroïnes de Corneille, qui avouent si franchement qu'elles aiment, ne se livrent jamais dans cet amour à ce débordement d'expression, à ces manifestations lyriques des héroïnes romantiques. Camille, qui à la mort de Curiace sera saisie d'un désespoir si furieux, garde, quand au moment des adieux elle parle à Curiace, cette réserve qui, aux yeux des Français du xvii° siècle, convenait à une femme bien née.

Depuis le xix° siècle, on a peint volontiers la femme instinctive, impulsive, dominée par sa nature comme un enfant ou un animal, et c'est cela qu'on a appelé par excellence « la femme ». Le xvii° siècle, a-t-on dit, n'a pas connu *la femme*. Il n'y a pas une femme fière et bien née qui ne s'indigne de cette nouvelle conception. Nous voulons bien nous reconnaître dans la princesse de Clèves, dans Pauline, dans Monime ; nous voulons bien qu'on les propose à notre imitation. Mais ces femmes impulsives qu'on nous montre aujourd'hui, nous n'y voyons pas *la femme*, nous ne pouvons que les regarder avec dédain comme des types dégénérés, des cas pathologiques. Monime, Pauline, ces âmes parfaitement équilibrées, voilà des femmes véritables. Pour nous le premier caractère d'une âme vraiment humaine, c'est d'être libre.

Avant de quitter les femmes françaises du XVIIe siècle, nous dirons un mot de leur costume et de leurs
divertissements mondains.

Sous Henri IV, sous Richelieu, sous Mazarin, il y
eut encore des édits somptuaires pour réprimer le
luxe, mais ils n'eurent pas plus d'effet que les précé-
dents. Les costumes des grandes dames restent extrêmement somptueux. On ne porte plus sous Louis XIV
les collets, ni les fraises, pas plus que les hautes coiffures que nécessitait le port de la fraise ; la mode du
vertugadin disparait aussi. La coiffure devient tom-
bante, avec des boucles. Un fichu de linon ou de den-
telle couvre les épaules, qui souvent aussi sont très
décolletées. La forme de la robe devient plus raisonnable ; elle tombe simplement, droite avec de grands
plis ; des manches larges ; l'ensemble a une vraie
noblesse qui va bien avec le goût général du temps.
Combien les toilettes du XVIIIe siècle seront plus extraordinaires avec les bouffants, les paniers, les coiffures immenses !

On porte toujours des ornements : des pierreries,
des dentelles, des rubans (et à ce point de vue la mode
masculine est beaucoup plus extravagante que la
mode féminine). Les tissus sont riches ; ce sont des
brocarts, ou de la *brocatelle* (soie brodée de petits
bouquets d'or et d'argent). Mme de Sévigné nous fait
la description d'une robe qui avait été donnée à
Mme de Montespan par un courtisan : robe d'or,
rebrochée d'or et rebrodée d'or, que nous avons peine
à nous représenter.

Comme les robes sont décolletées et qu'il ne fait
pas toujours très chaud à Paris, on s'est mis à porter
des fourrures, des *palatines* ; ce nom venait de la princesse Palatine qui avait mis la chose à la mode. A la
fin du siècle il y eut aussi les cravates *à la Stein-
kerque*, roulées négligemment autour du cou.

On portait des *mouches*, et c'était tout un art que de

les placer; le contraste de ces petits points noirs faisait ressortir la blancheur du teint, chose à laquelle
on tenait beaucoup. Les dames du xvii⁰ siècle n'allaient pas se brunir la peau dans les excursions au
grand air; bien plus, pour sortir, elles portaient très
souvent des masques.

Les chaussures, au temps où les dames montaient
beaucoup à cheval et n'avaient pas d'autre moyen
d'aller d'une ville à une autre, étaient solides et un
peu grosses; mais au xvii⁰ siècle, [illegible] and se répand
l'usage des carrosses et de la chai [illegible] rteurs, comme
on n'a pas à mettre le pied pa [illegible] s chaussures
deviennent fines, délicates; on [illegible] satin avec
des bouffettes et de hauts talons.

Dans l'ensemble, le costume féminin sous Louis XIV
avait de la ligne. La taille n'est pas aussi déformée
que par les corsets du xvi⁰ siècle. La robe tombe naturellement; la coiffure basse à boucles, les épaules
dégagées, ont de la grâce.

Il nous faudrait maintenant voir ces dames dans la
société et dans les divertissements. Elles vivent surtout de la vie du monde; elles ne font jamais d'excursions pour aller voir un peu de nature sauvage. Quand
on parle de rochers au xvii⁰ siècle, on ne manque pas
de les appeler *affreux*. Aujourd'hui, plus les montagnes sont terribles, plus nous trouvons le paysage
beau. Au xvii⁰ siècle on ne jouissait pas de ce plaisir-
là.

La vie par excellence au xvii⁰ siècle, c'est la vie de
société, qui s'accompagne de fêtes brillantes. Les
fêtes de Versailles sont restées célèbres. Le roi y
donnait l'exemple de la courtoisie envers les dames.
« Jamais, dit Saint-Simon, il n'a passé devant la
moindre coiffe sans soulever son chapeau, je dis aux
femmes de chambre, et qu'il connaissait pour telles. »
Mais il n'était pas donné à tout le monde d'aller à
Versailles et d'être *de la cour*. Mme de Sévigné n'en

était pas. Une fois pourtant elle a été invitée à une représentation d'*Esther* à Saint-Cyr; le roi lui a parlé, et elle ne se tient pas de joie.

Les spectacles étaient parmi les divertissements les plus goûtés; on commandait une pièce à Molière pour embellir une fête, ou bien on organisait des *ballets*; Lulli en composait la musique et Corneille, Molière ou Quinault les paroles. Les plus grands personnages du temps y figuraient, et Louis XIV lui-même; mais il cessa d'y paraître après la représentation de *Britannicus*, où Racine montre Néron qui se donne lui-même en spectacle aux Romains. Mais dans sa jeunesse Louis XIV était loin d'être le roi de l'étiquette qu'il devint plus tard; il était gai, brillant; il n'était pas encore figé dans sa dignité et sa majesté imposante.

La danse au xvii° siècle était plus savante, plus compliquée qu'elle ne l'est aujourd'hui. Les groupes de danseurs formaient des figures variées, agréables pour les spectateurs. Il y avait le *menuet*, qu'on dit être venu d'Espagne, tandis que d'autres lui attribuent une origine poitevine; le caractère en était plutôt grave, le mouvement modéré et même lent. Les pas, les révérences, les balancements rythmés, la main qu'on donnait ou quittait, c'était toute une science. On dansait aussi la *gavotte*, variété du menuet; la *pavane*, où les cavaliers faisaient la roue avec la cape et l'épée. Toutes ces danses, un peu lentes, valaient par la noblesse de l'attitude et du geste. C'était une grande affaire pour une femme que de savoir danser, et une grande disgrâce que de mal danser. On passait beaucoup de temps à se perfectionner dans la danse. M°° de Scudéry se plaignait qu'on employât dix ou douze ans à apprendre aux jeunes filles à danser, « chose qu'elles ne peuvent faire avec bienséance que pendant cinq ou six ans de leur vie ». Le maître à danser avait une importance

extraordinaire. Il n'enseignait pas seulement à danser,
mais aussi à marcher, à se présenter, à saluer. La
forme du salut a changé depuis ce temps ; aujourd'hui
on se rendrait ridicule en faisant la révérence du
xviie siècle ; elle était réglée comme un pas de danse,
et d'ailleurs très jolie, très gracieuse, surtout quand
la personne qui la faisait portait la robe tombant
droit et traînante qui était celle du xviie siècle. La
révérence est jolie aussi, moins noble, mais plus piquante, dans le costume du xviiie siècle.

Vers la fin du règne, lorsque les affaires de France
devinrent si tristes, la cour prit un tout autre caractère. On fut tout à la dévotion, à l'étiquette dans ce
qu'elle a de plus étroit. Le malheur frappait à la fois
la France et la famille royale. La disparition du duc
et de la duchesse de Bourgogne fut un coup cruel
pour le roi. Un voile de deuil couvre ces dernières
années.

Nous verrons la prochaine fois qu'au xviiie siècle
la vie de salon a encore une grande importance, seulement l'influence de la cour ne sera plus la même ;
ce n'est plus elle qui donne le ton, c'est la ville, ce
sont les salons de Paris ; on n'attend plus le mot
d'ordre de la cour pour le goût, les lettres, les arts,
la philosophie. La vie de salon continue et jamais
peut-être la conversation ne fut si brillante. Il ne
s'agit plus uniquement de littérature, de correction de
langage ; on s'occupe de politique, de sociologie,
d'économie politique. Ce ne sont pas là des choses
très féminines, ce qui n'empêche pas que nombre de
femmes intelligentes ont continué à exercer une
influence et à jouer un rôle.

LE PUY-EN-VELAY

IMPRIMERIE PEYRILLER, ROUCHON ET GAMON.